4 Y th
231

THÉATRE ROYAL DE L'ODÉON.

L'ARTICLE 170,

ou

UN MARIAGE A L'ÉTRANGER,

COMÉDIE EN DEUX ACTES,

PAR MM. DESVERGERS ET LOUIS DUGARD,

Représentée pour la première fois, à Paris, sur le théâtre royal de l'Odéon, le 12 février 1845.

PRIX 60 CENTIMES.

PARIS.
BECK, ÉDITEUR,
Rue Git-le-Cœur, 12;
TRESSE, successeur de J.-N. BARBA, Palais-Royal.

1845.

THÉÂTRE ROYAL DE L'ODÉON.

L'ARTISTE № 170.

UN BAMBOCHE LÉGITIMÉ,
COMÉDIE EN DEUX ACTES,
PAR MM. DESVERGERS ET LOUIS DOGARD

Représentée pour la première fois, à Paris, sur le théâtre royal de l'Odéon,
le 13 mars 18..

PRIX 60 CENTIMES.

PARIS
BECK, ÉDITEUR,
Rue Git-le-Cœur, 12,
TRESSE, successeur de J.-N. Barba, Palais-Royal.
184.

L'ARTICLE 170

OU

UN MARIAGE A L'ÉTRANGER,

COMÉDIE EN DEUX ACTES,

PAR MM. DESVERGERS ET LOUIS DUGARD,

Représentée pour la première fois sur le théâtre royal de l'Odéon, le 12 février 1845.

Personnages.   Acteurs.

CAZILDA, actrice (22 à 25 ans).................................... Mlle FITZJAMES.
JUSTINE, femme de chambre de Cazilda au premier acte, actrice au deuxième sous le nom de Justinetta............................... Mlle BERTHAULT.
MADAME DUPAU, coryphée à l'Opéra................................ Mme GRASSAU.
EUGÈNE DE CARCENAY, amant de Cazilda........................... M. MILON.
LAROCHE, receveur-général.. M. ROGER.
DUCHEMIN, auteur dramatique...................................... M. BOILEAU.
JULIEN, domestique.. M. FORESTIER.

La scène se passe à Paris, chez Cazilda.

ACTE PREMIER.

Le théâtre représente un salon très élégant. — Porte au fond, portes latérales. — Çà et là de riches objets de fantaisie.

SCÈNE I.

JUSTINE, puis, Mme DUPAU.

JUSTINE, au fond, à la cantonade.

Soyez tranquilles, tout sera remis exatement à Mlle Cazilda, ma maîtresse. J'espère qu'en voilà des bouquets, des billets doux, des cadeaux de toute espèce ! Est-ce amusant d'être une actrice... à la mode !.. Ah ! que je voudrais !.. c'est bien ambitieux à moi, simple femme de chambre, de penser à débuter... sur un théâtre !.. Pourtant, j'y pense, sans en rien dire à personne... Et bientôt, on verra !.. Qui vient là ?.. Eh ! c'est madame Dupau, la bayadère du sixiè-

me. (A part.) Je gage qu'elle a quelque chose à m'emprunter !

Mme DUPAU, avançant timidement la tête.

Fait-il jour chez vous, Mlle Justine ?

JUSTINE.

Entrez, entrez, ma déesse... sans être aussi matinale que vous, on peut bien, à plus de neuf heures, donner audience à ses amis et connaissances.

Mme DUPAU, après avoir ôté ses socques, plié et déposé un très-vieux châle sur un fauteuil. Elle tient aussi un petit pot à la main.

Dame ! à la fois coryphée de la danse à l'Académie Royale, et mère de famille, je n'ai pas le temps d'être à rien faire, moi ! Trois heures d'exercice tous les matins, sans compter celui de mon escalier !..

JUSTINE, souriant.

C'est vrai !.. un sixième, ça double la dose !

Mme DUPAU.

Et mes répétitions... mes représentations... une demoiselle à établir... et deux garçons à corriger... sans parler de Dupan, qui est coquet !.. Tenez... c'est justement pour lui que je venais... vous me prêterez votre fer à papillotes, n'est-ce pas ?

JUSTINE, à part.

Je l'aurais juré.

Mme DUPAU.

Vous dites ?..

JUSTINE.

Vous le prendrez dans le cabinet de toilette. (A part.) Elle est sans gêne !..

Mme DUPAU.

Et avec ça douillet !..

JUSTINE.

Votre mari ?.. un musicien !..

Mme DUPAU.

Sans doute. (Montrant le pot qu'elle tient à la main.) S'il n'avait pas son consommé sur l'estomac, est-ce qu'il pourrait souffler dans sa clarinette, ce pauvre chéri ?..

JUSTINE.

Vous le dorlotez trop !..

Mme DUPAU.

Je mesure tout juste !.. Je n'ai que lui pour me compter des douceurs, moi ! chez-nous, ce n'est pas comme ici !

JUSTINE.

Eh ! mon Dieu !.. ici, au contraire, c'est comme chez vous ; on ne rêve plus que mariage.

Mme DUPAU.

Votre maîtresse ?..

JUSTINE.

Oui... une ex-élève du conservatoire !

Mme DUPAU, se rengorgeant.

Comme moi !

JUSTINE.

Et une actrice en vogue, dans un de nos premiers théâtres... C'est d'une incohérence !..

Mme DUPAU.

Ah ! ça ! ce n'était donc pas pour rire, ce qu'on prétendait de ce jeune comte de Carey... Carcenay... On soutenait d'ailleurs que tout était rompu !..

JUSTINE.

C'est... ou plutôt, c'était vrai... mais on est parvenu à ressouder la chaîne !..

Mme DUPAU.

Où avais-je mes yeux ? (Elle fait un flic-flac en indiquant les bouquets qui sont sur la table.) Rien qu'à la vue de ce parterre, n'aurais-je pas dû flairer l'extravagance d'un prétendu !

JUSTINE.

C'est pourtant là ce qui vous trompe.

Mme DUPAU.

Alors, cette riche parure ?

JUSTINE.

Oh ! pas davantage !

Mme DUPAU.

Cette masse de billets doux ?

JUSTINE.

Encore moins !

Mme DUPAU.

Expliquez-moi donc ! je ne vous comprends pas !

JUSTINE.

Dire que madame a des adorateurs jeunes et gentiment tournés, des prôneurs qui ne s'enrouent jamais, des protecteurs riches et généreux, qu'elle fait enrager !.. et qu'elle songe, par dessus le marché, à prendre un maître !.. un mari !.. c'est fabuleux, n'est-ce pas ?..

Mme DUPAU.

Mais non !.. se marier... solidement, afin d'amasser le plus vite possible de quoi se retirer à la campagne, au milieu de ses poules, de ses lapins et de sa famille... voilà le charme de la vie !

JUSTINE, avec dédain.

Des poules... des lapins... Une artiste !.. vous devriez rougir !..

Mme DUPAU.

Pourquoi donc ?.. Je ne rougis que quand je mets mon rouge... Ah ! si je pose jamais la main sur la recette de cette représentation à bénéfice, qu'on me tient en perspective depuis bientôt trois ans... Je ne serai pas longue à faire mon paquet, allez !

JUSTINE, avec dédain.

Quelles inclinations, rue Saint-Denis ! Pour moi, que je réussisse seulement à débuter, n'importe dans quel théâtre... j'aurai bientôt donné son compte au petit Cypriel, le commis bijoutier qui me recherche pour le mariage.

Mme DUPAU.

Vous auriez tort !

JUSTINE.

Et par la même occasion, souhaité le bonsoir à tous les maîtres présens et futurs !.. (On sonne très fort, et elle ajoute, sans avoir l'air d'y faire attention.) Car c'est si pénible d'être aux ordres des autres.

Mme DUPAU, à part.

Elle ne le prouve guère ! (On sonne encore.) N'entendez-vous pas ?..

JUSTINE, froidement.

Oh ! j'ai tout le temps.

Mme DUPAU.

Mais moi, je ne l'ai pas... il faut que je me dépêche d'aller lever mon dernier... C'est le jour de son cathéchisme... et servir son déjeuner, à M. Dupau, qui ne plaisante pas sur cet article là. Au revoir.

(Elle va pour sortir et fait un jeté-battu.)

JUSTINE.

Tenez, passez par là, (Elle indique la gauche.) Vous prendrez le fer à papillotes.

Mme DUPAU.

Ah ! c'est vrai !

JUSTINE.

Et votre vieux tartan que vous oubliez ?

Mme DUPAU, d'un ton blessé.

Vieux !.. Vous badinez !.. Il est dans la force de l'âge !

(Elle se sauve en faisant un second jeté-battu.)

SCÈNE II.

JUSTINE, CAZILDA, dans un négligé du matin très élégant.

CAZILDA, avec une légère impatience.

J'ai sonné plusieurs fois, Justine.

JUSTINE.

Madame voit bien que j'accourais. (A part.) Est-elle exigeante ?

CAZILDA.

Il semble, en vérité, que tout se réunisse pour me contrarier, aujourd'hui ! Encore une répétition ce matin ! quand mon esprit préoccupé ne peut se distraire d'une seule idée !..

JUSTINE, à part.

Toujours celle de son mariage !..

CAZILDA.

Ah ! Justine ! qu'il est fatigant d'être aux ordres du public !

JUSTINE, d'un ton railleur.

Heureusement pour Madame, cette fatigue-là ne manque pas de compensations !

CAZILDA.

Jusqu'ici, hélas ! bien insuffisantes !

JUSTINE.

N'est-ce donc rien que d'enlever les bravos de la foule... d'être le point de mire de la galanterie des hommes riches et puissans... de l'amour des jeunes gens... tendres... et jolis garçons ?.. Et d'arroser le tout de gros appointemens !.. Succès, hommages, argent !.. tout n'arrive-t-il pas comme à l'envi, uniquement parce qu'on paraît sur un théâtre.

CAZILDA.

Tu n'oublies qu'une chose... c'est de parler du talent qu'il n'appartient qu'aux esprits d'élite d'acquérir !.. Du savoir...

JUSTINE.

Ah ! bah !.. avec du savoir faire, on peut tout aussi bien mener sa barque... (A part.) Si jamais j'en suis là !..

CAZILDA.

Après tout, que sont ces biens médiocres... ces plaisirs vulgaires que tu places si haut !.. Que valent, je te prie, ces applaudissemens qui ne dépassent pas la rampe d'un théâtre... Et cette vie... parfois brillante, si l'on veut, mais à la surface seulement... comme une vie d'emprunt qu'elle est... auprès de l'énivrante réalité à laquelle j'aspire ! avoir un rang, un titre, une position dans le monde, en épousant un homme comme il faut... Oh ! comme mes chères amies vont en sécher de dépit !..

JUSTINE.

Vous êtes donc bien certaine du consentement de M. Eugène de Carcenay ?

CAZILDA.

Autant que de son cœur... à l'offre duquel le mien n'a pu rester insensible.

JUSTINE, à part.

Je crois cela ! (Haut.) Mais sa mère, Mme la comtesse de Carcenay, ne s'opposera-t-elle pas ?...

CAZILDA.

Laisse donc !.. l'amour est un habile avocat, surtout quand il s'exprime par la bouche d'un fils unique ! Non... je ne saurais douter du succès de l'entretien qu'Eugène devait avoir ce matin même avec sa mère... Et, malgré la faiblesse habituelle de M. de Carcenay..... (D'un ton inquiet.) N'a-t-il rien adressé ?

JUSTINE.

Non, Madame, mais, en revanche, voici un bouquet de M. Duchemin, l'auteur... un gentil-bouquet, ma foi, aussi bien que celui qui l'a envoyé !... D'abord, pour moi, un auteur est toujours bien !

CAZILDA, avec impatience.

Après ?

JUSTINE.

Plus, une parure de M. Laroche, le receveur-général... et quelques chiffons de papier...

CAZILDA, prenant les lettres.

Encore des fadaises, j'en suis sûre ! (A part.) Et Eugène qui n'arrive pas ! (Haut et nonchalamment.) Voyons donc ce qu'on m'écrit. (Lisant.) « Ma chère amie... » (Parlé.) Il est familier, mon correspondant !

JUSTINE.

Ça doit-être un diplomate... En amour, ces messieurs n'y vont pas par quatre chemins !....

CAZILDA, souriant.

Oui... ce n'est pas comme en politique !... (Parcourant la lettre des yeux.) La signature.... Comment !.. Il s'agit d'un haut et puissant seigneur... Le directeur de Bordeaux désire que j'aille donner des représentations sur son théâtre... (Changeant de ton.) Et il ose m'offrir 500 francs par soirée !

JUSTINE.

Il me semble que la somme est assez ronde.

CAZILDA.

L'impertinent!.. quand il en a donné mille à une première danseuse ! Qu'il s'adresse ailleurs! 500 fr. par soirée!..

(Elle froisse la lettre et la jette.)

JUSTINE, à part.

Moi qui ne les gagne pas par année!

CAZILDA, lisant une autre lettre.

« Madame, vos beaux yeux ont su fondre la » glace qui enveloppait un cœur né sur les bords » de la Néva... Et je le prouve, en vous propo- » sant de m'aider à manger dix mille paysans...

JUSTINE.

Dix mille paysans !

CAZILDA, lisant.

« Le comte d'Ostrokoff, gentilhomme ordi- » naire de Sa Majesté, etc., etc. » (Parlant.) C'est un manifeste russe! (Avec dédain.) Un pareil festin ne saurait me tenter !.. (A part.) D'ailleurs il est trop tard.

JUSTINE.

Quel dommage !.. C'était pourtant écrit en bon français... pour un cosaque!

CAZILDA, ouvrant une troisième lettre.

Du receveur-général...

JUSTINE.

En voilà un qui apprécie le théâtre, par exemple !... et surtout les actrices.... ce bon M. Laroche!

CAZILDA, parcourant la lettre des yeux.

C'est cela... artiste incomparable... Les phrases d'usage... force louanges sur la manière dont j'ai joué hier... (Lisant.) « Veuillez accepter, avec mes complimens la parure ci-jointe. » (Parlant.) Style de financier.

JUSTINE.

Oui, c'est clair... et solide en même temps!

CAZILDA, lisant.

« On exécute, ce soir, la symphonie du Désert, » à la salle Ventadour... et j'irai savoir, dans la » journée, si ma divinité veut permettre au plus » fervent de ses adorateurs d'arrêter une loge » pour l'y accompagner...

JUSTINE.

Oui da !..

CAZILDA, lisant.

« C'est demander bien peu, quand je serais si » heureux de déposer à ses pieds, ma fortune et » mieux encore... »

JUSTINE.

Sa fortune !... c'est gentil !... avec ça que M. Eugène n'est pas millionnaire !..

CAZILDA.

Eh! qu'importe?..

JUSTINE.

Tiens!.. mais beaucoup, ce me semble!..

CAZILDA, lisant.

« Me comprenez-vous, charmante Cazilda? »

JUSTINE.

Que trop, vieux pêcheur !..

CAZILDA.

C'est une déclaration en forme... mais non pas comme je les aime à présent !

JUSTINE, à part.

Elle est bien dégoûtée!

CAZILDA.

Voyons la parure... des turquoises!... (Avec dédain.) On n'en porte plus !.. Et Eugène qui n'arrive pas !.. je suis d'une inquiétude !... Dès qu'il paraîtra, qu'on me l'envoie au théâtre... Je quitterai tout. (On entend un bruit de voiture.) Oh! c'est lui sans doute !.. (Elle court à la porte et dit à part.) Non... c'est Laroche !

JUSTINE.

Par compensation, M. Duchemin l'accompagne.

CAZILDA.

C'est bien... sortez!

JUSTINE, en sortant.

Je me retire, Madame. (A part.) Sortez! quand le dirai-je à mon tour?

SCÈNE III.

CAZILDA, LAROCHE, suivi de DUCHEMIN.

LAROCHE, d'un ton galant.

Permettez, belle dame...

CAZILDA, avec humeur.

Déjà, M. Laroche?..

LAROCHE.

Déjà !.. Le mot n'est pas gracieux, ma charmante.

DUCHEMIN.

Je le lui avais dit, à ce cher receveur-général... Je gage qu'il arrive mal à propos ?..

CAZILDA, froidement.

Au contraire... car, j'ai une commission dont je prierai Monsieur de se charger.

LAROCHE, avec chaleur.

Ah! commandez!..

CAZILDA, d'un ton glacial.

C'est pour le directeur de Bordeaux, dont je refuse les propositions... Et comme M. Laroche y est receveur-général... je me plais à croire qu'il ne tardera pas à y retourner...

LAROCHE, riant.

Moi !.. pas du tout ! je suis du syndicat. (Appuyant.) Et tout à votre service... à Paris !..

CAZILDA, avec humeur.

Alors, Monsieur, prouvez le donc, en ayant plus de soin de ma réputation !

LAROCHE, étonné.
Comment?

CAZILDA, de même.
Vos visites continuelles... vos présents... peuvent donner prise à la malignité publique....

DUCHEMIN, d'un ton railleur.
C'est vrai!.. Lorsqu'on est si dangereux de sa personne, on ne saurait porter trop d'attention à ses faits et gestes.

LAROCHE, content de lui-même.
Duchemin!.. (A Cazilda.) Devais-je m'attendre à de pareils reproches... à des scrupules... j'ose le dire, si nouveaux? D'honneur, elle est adorable avec ses caprices!

DUCHEMIN.
Dites-donc, malgré eux..... Receveur peu galant.

CAZILDA, souriant à Duchemin.
Flatteur!.. que voulez-vous de moi?

DUCHEMIN, souriant aussi.
Rien... Je voudrais trop!.. Je croyais trouver ici quelqu'un qu'on est presque toujours sûr d'y rencontrer.

CAZILDA, à part.
Et que j'attends avec impatience.

LAROCHE.
Ah! le jeune comte!.. Au fait, vous le recevez souvent, Cazilda?..

CAZILDA, souriant.
Je vous reçois bien, M. Laroche,

LAROCHE, d'un air avantageux.
Oh! moi!..

DUCHEMIN.
Sans doute... c'est sans conséquence.

LAROCHE, piqué.
Hein?..

DUCHEMIN.
Tandis que l'autre... Savez-vous qu'on m'en fait des reproches chez lui... Car on sait que c'est moi qui vous l'ai présenté?

CAZILDA.
Des reproches?

LAROCHE, à part.
On a bien raison!

DUCHEMIN.
Oh! des reproches d'amitié... Vous n'ignorez pas que je suis très bien avec la bonne Mme de Carcenay, la mère d'Eugène... Cette famille a toujours protégé la mienne... Je dois même passer à l'hôtel, ce matin.

SCÈNE IV.

LES MÊMES, JUSTINE.

JUSTINE, annonçant.
Le coiffeur de Madame.

CAZILDA.
C'est bien.

DUCHEMIN.
Je prends donc congé de vous, bel ange!

CAZILDA.
Un instant, de grâce... Je ne me sens pas bien... et décidément je n'irai pas à la répétition... Duchemin... si j'osais vous prier....

DUCHEMIN.
Ne suis-je pas tout à votre disposition?..

CAZILDA, se mettant à écrire.
Deux mots au régisseur.

LAROCHE, pendant qu'elle écrit.
Et moi, méchante, quoique vous me trouviez redoutable, vous me permettrez bien d'assister à la toilette de Psyché?

DUCHEMIN, riant.
Au fait... c'est la place de l'amour!

CAZILDA, toujours écrivant.
Du tout, Monsieur... (A part.) Si Eugène arrivait!.. Ce n'est pas le moment d'exciter sa jalousie... Par quel moyen me débarrasser?..

LAROCHE, à demi-voix.
Au moins... puis-je arrêter la loge?

CAZILDA.
La loge!.. (A part.) Ma foi, autant cela... Je ne vois pas d'obstacle.

LAROCHE.
Vous consentez?..

CAZILDA.
Je ne dis pas... mais qui sait jusqu'où un caprice peut conduire!..

LAROCHE.
N'importe où... je vous accompagne!

CAZILDA.
Tenez, Duchemin... et pardon de la peine...

DUCHEMIN.
Je passe au théâtre en me rendant chez Mme de Carcenay!..

CAZILDA, à Laroche.
Et vous, Monsieur?

LAROCHE.
Je vole où m'appelle le désir de vous plaire.

(Il lui baise la main.)

DUCHEMIN.
A-t-il de l'esprit, M. de Turcaret!

CAZILDA.
Messieurs!..

(Elle les salue et rentre dans sa chambre. Duchemin et Laroche sortent par le fond.)

SCÈNE V.

JUSTINE, puis, CARCENAY.

JUSTINE.

Comme elle sait se délivrer des importuns, parce qu'elle attend son prétendu!.. Oh! je su·s ici à une école... qui, pour moi, vaut bien le Conservatoire !.. Mais, n'oublions pas l'heure... je sais le rôle qu'on m'a dit d'étudier... (Cherchant dans sa poche.) Eh bien! où est donc ma brochure?.. Ah! la voici... Est-ce ennuyeux que Madame n'aille pas au théâtre! si elle avait besoin de moi!.. (Apercevant Eugène qui entre.) Ah! M. de Carcenay!.. (A part.) Ça me rassure.

CARCENAY.

Justine... votre maîtresse?..

JUSTINE.

Elle est là, M. Eugène... je vais la prévenir... Si Monsieur veut se donner la peine de s'asseoir.

CARCENAY, distrait.

Merci.

JUSTINE, à part.

Il n'a pas l'air de bonne humeur... mais c'est égal... Ils en auront pour long-temps ensemble, et je puis, en toute sûreté, courir chez mon futur directeur.

(Elle sort.)

SCÈNE VI.

CARCENAY, puis, CAZILDA.

CARCENAY.

Quelques momens de réflexion m'étaient nécessaires... Que lui dire?.. Comment lui apprendre que ma mère... O Cazilda! ton amour pourra-t-il supporter un coup auquel toute la force du mien a de la peine à résister?.. Ma mère... elle ne peut apprécier... elle ne comprend pas toutes les qualités, toute la vertu de celle que j'aime... Et pourtant, l'obligation que Cazilda m'impose de lui donner ma main... N'en est-elle pas la preuve la plus sûre?.. C'est le prestige du théâtre qui, dit-on, m'a séduit en elle... D'abord, peut-être... mais j'ai vainement combattu... Ses grâces, son esprit, sa beauté, ont ensuite allumé dans mon cœur une passion que rien... non, rien ne pourrait désormais éteindre... Elle vient!..

CAZILDA, inquiète.

C'est vous, Eugène... Eh bien?..

CARCENAY.

Chère Cazilda!..

CAZILDA.

Quelle agitation... Votre mère?..

CARCENAY.

Elle refuse.

CAZILDA.

Ah!

CARCENAY.

En vain, j'ai invoqué sa tendresse, sa pitié même... en vain j'ai proclamé qu'à notre mariage seul était attaché le bonheur de toute ma vie.. J'ai prié... supplié à genoux, rien n'a pu la fléchir... rien n'a pu l'engager à donner son consentement.

CAZILDA, avec amertume.

Je vous l'avais bien dit!

CARCENAY.

Il est vrai... Mais pouvais-je penser qu'une mère voudrait employer sa puissance à empêcher son fils d'être heureux!

CAZILDA, avec ironie.

Sans doute, elle ne partage pas votre conviction à cet égard.

CARCENAY.

Peut-elle en être meilleur juge que moi même?.. Mais rassurez-vous, Cazilda, si l'on m'y force, je saurai bien prouver que je ne suis plus un enfant. Je saurai braver...

CAZILDA, dissimulant sa joie.

Eugène!.. quelque tyrannique, quelque arbitraire qu'elle se montre, l'autorité d'une mère ne doit-elle pas toujours être sacrée?

CARCENAY.

Je le sais... Aussi, m'en coûtera-t-il beaucoup d'en venir... envers celle que jusqu'à ce jour j'aimais et respectais... à des extrémités...

CAZILDA, voyant qu'il se calme et avec ironie.

Auxquelles vous ne pouvez pas vous décider!.. C'est donc à moi de céder, M. le Comte! Oh! je comprends trop bien la distance qui sépare... une femme comme moi... une... actrice... de la noble famille de Carcenay!

CARCENAY.

Cazilda!.. que dites-vous?..

CAZILDA, d'abord avec ironie, ensuite avec émotion.

En effet, de quel poids pourraient être mes sermens... les vôtres surtout, auprès de ces convenances qu'ils appellent de position!... Puisque des exigences sociales, qui ne peuvent empêcher de s'aimer un jeune homme distingué, une femme qui n'est peut-être pas sans mérite... les empêchent néanmoins de légitimer leurs sentimens!.. Oui... renoncez à vos projets, Eugène... renoncez à mon amour... Obéissez à la volonté de votre mère, qui, je le crains, ne vous semblera pas toujours si cruelle... sacrifiez-moi enfin!.., j'en mourrai, peut-être!.. mais soyez certain, du moins, que je ne me plaindrai pas, si je suis seule malheureuse!

CARCENAY, hors de lui.

Malheureuse, vous!.. Vous mourir!.. Et je serais assez lâche... Non... vos touchantes paroles viennent de trancher mes dernières irrésolutions. Vous serez à moi, Cazilda, je le jure... Je le jure par notre amour!

CAZILDA, réprimant avec peine une grande joie.

Cher Eugène!

CARCENAY.

Oui, les menaces que, malgré ma répugnance, j'ai faites déjà... Je veux, je dois les réaliser... et, dès aujourd'hui même, le premier acte de respect, signifié à ma mère...

SCÈNE VII.

LES MÊMES, DUCHEMIN.

DUCHEMIN, qui a entendu les derniers mots, et à part.

J'arrive à temps !..

CARCENAY, étonné.

Duchemin !

CAZILDA, à part.

Que vient-il faire ?..

DUCHEMIN.

Mon cher M. de Carcenay, je quitte madame votre mère...

CARCENAY.

Ma mère !..

CAZILDA, à part.

Lui aurait-elle confié ?..

DUCHEMIN, continuant.

Chargé par elle d'une mission, j'ose le dire, délicate... et que bien des gens trouveraient embarrassante... Mais nous autres, auteurs dramatiques... habitués à embrouiller des intrigues... (Avec intention.) A préparer des péripéties...

CAZILDA, avec dignité.

Duchemin !..

CARCENAY.

Expliquez-vous, de grâce !

DUCHEMIN.

Eh bien, je viens, de la part de cette respectable dame, faire, suivant ses propres expressions, un dernier appel à votre raison. (Se tournant vers Cazilda.) Ainsi qu'à celle...

CAZILDA, vivement.

Vous savez donc ?..

DUCHEMIN, souriant.

Tout; pas davantage !.. Et, bien que je sente par moi-même tout ce qu'ont de séduisant les charmes de la belle Cazilda, ma foi, j'étais à cent lieues de penser, je l'avoue, que la sympathie, le lien des âmes, comme nous l'appelons, en style lyrique, eût agi sur vous deux assez puissamment...

CARCENAY.

Quoi ! vous n'avez pas deviné, que, l'ayant vue une fois, je devais l'aimer toujours ?

CAZILDA.

Et que je ne pourrais rester insensible...

DUCHEMIN, à Carcenay.

Tout autre que moi, peut-être !.. mais madame votre mère m'a rappelé... Et, songez bien qu'ici je ne suis que fondé de pouvoir... que je ne vous transmets que les observations maternelles... Elle m'a rappelé, dis-je, que ce n'est pas la première fois que votre tête s'exalte, (Mouvement de Carcenay.) que votre cœur s'enflamme... Si vous voulez !..

CARCENAY.

Comment supposer ?..

DUCHEMIN.

Que vous ne serez pas éternellement amoureux ?.. (Se tournant vers Cazilda d'un ton galant et malin.) Il est vrai qu'avec madame, l'inconstance est bien difficile !.. et madame de Carcenay adopte comme moi cette conclusion... Toutefois, elle fait remarquer, non pas par des motifs personnels, vous la connaissez !.. mais dans votre seul intérêt, que sa fortune ayant été presqu'entièrement détruite lors des massacres de Saint-Domingue, c'est grâce à ses soins qu'une de vos parentes, jeune, belle et riche, qui habite Pondichéry, consent à vous accepter pour époux... Oh! mon Dieu, tout est réglé; et le premier bâtiment faisant voile pour ce lointain pays, n'a plus qu'à porter votre réponse affirmative.

CAZILDA, à part.

O ciel !

CARCENAY, vivement.

Il ne portera que mon refus positif !

CAZILDA, avec dépit.

Non, Monsieur, non... tous les brillants avantages que M. Duchemin vous fait si bien valoir, et auxquels vous devriez renoncer pour moi...

DUCHEMIN, souriant.

Je ne suis ni pour, ni contre, Cazilda... Fondé de pouvoir tout bonnement, je vous le répète... (Avec un sérieux comique.) Et impassible... comme la loi !

CARCENAY.

Et moi, je vous répète que ma résolution est inébranlable ; et, puisqu'on m'y force... Cazilda, dont je n'accepte pas la résignation, sait quels moyens je suis décidé à employer...

DUCHEMIN.

Mais vous ne les emploierez pas, ces moyens violents.

CARCENAY.

Et qui m'en empêchera ?..

DUCHEMIN.

Moi !.. votre mère elle-même ! (S'exaltant toujours d'une manière comique.) Non, jeune homme, vous ne les emploierez pas... Nous vous estimons trop pour souffrir que vous poussiez l'oubli de vos devoirs jusqu'au mépris le plus éclatant de l'autorité maternelle...

CAZILDA, avec reproche.

Ah! Duchemin !.. quand j'avais foi dans votre amitié !

DUCHEMIN, du même ton.

Nous avons aussi des moyens pour mettre obstacle à vos projets insensés...

CARCENAY.
Des moyens!

DUCHEMIN, du même ton.
Victorieux!.. péremptoires!..

CARCENAY.
On l'essaierait en vain!

DUCHEMIN.
Et vous capitulerez.

CARCENAY, d'un ton résolu.
Jamais!

DUCHEMIN.
A l'instant même!.. Et par la toute-puissance de ce papier... (Il le tire de sa poche.)

CAZILDA, très-agitée.
Qu'est-ce donc?..

DUCHEMIN, d'un ton très-naturel et en souriant.
Tout bonnement le consentement par écrit à votre mariage signé : Comtesse de Carcenay.

CAZILDA ET CARCENAY, jetant un cri de surprise et de joie.
Ah!

DUCHEMIN, se croisant les bras en souriant.
Eh bien?..

CARCENAY.
Il se pourrait?.. Quoi! Duchemin... vous auriez obtenu?.. Comptez sur notre reconnaissance.

CAZILDA.
Oh! oui!

DUCHEMIN, ton naturel.
Doucement, mes bons amis... vous me rendez la justice de convenir que j'ai assez bien filé la scène... et gradué l'intérêt jusqu'à la péripétie... Seulement, je ne sais pas trop si vous trouverez le dénouement...

CARCENAY, inquiet ainsi que Cazilda.
Expliquez-vous!

DUCHEMIN, embarrassé.
Mme de Carcenay met une légère condition...

CARCENAY.
Pourrions-nous ne pas nous y soumettre après ce qu'elle nous accorde?.. Parlez!.. qu'exige-t-elle?

DUCHEMIN.
Elle n'exige rien... Un simple conseil qu'elle vous donne... une seule prière qu'elle vous adresse!.. Pour que vous puissiez bien sonder tous les replis de votre cœur... et conserver votre libre arbitre... elle vous supplie de garder un secret absolu et de retarder d'une année la célébration de votre mariage.

CARCENAY ET CAZILDA.
Un an!

DUCHEMIN.
Et si alors vous croyez encore trouver le bonheur dans des liens qui, suivant elle, blessent malheureusement les convenances de la société...

CARCENAY, avec ironie.
Les convenances!

DUCHEMIN.
Les préjugés!.. j'y consens!.. c'est aussi un peu mon opinion... Elle saura imposer silence à ses craintes... et oublier les plus beaux rêves de sa vie!..

CARCENAY, avec joie.
Ah! c'est maintenant qu'ils se réaliseront au contraire!.. Je prends sans hésiter l'engagement solennel de souscrire à ses vœux, bien sûr que Cazilda ne me démentira pas?

CAZILDA, plus froidement.
Votre premier devoir n'est-il pas de vous conformer aux volontés de votre mère?..

DUCHEMIN, à part.
Elle ne semble pas très-flattée.

CARCENAY.
Vous l'entendez?.. Et tout-à-l'heure, pour moi... oui, pour moi, elle voulait mourir! Ah! je suis trop heureux!.. Venez, Duchemin, courons aux pieds de celle qui consent enfin à mon bonheur... Excusez-moi, chère Cazilda!.. Avant une heure, je ne suis plus qu'à vous... à vous pour toujours!.. (Il sort avec Duchemin qu'il entraîne.)

DUCHEMIN, en sortant, à Cazilda.
Dans un an... la noce!..

SCÈNE VIII.

CAZILDA, seule. Elle les regarde sortir et reste rêveuse.

Un an!.. c'est bien long!.. Et si, pendant un pareil intervalle, Eugène... Les hommes sont si changeants!.. (S'animant avec agitation.) Quand je me croyais au terme de mes désirs!.. faut-il attendre encore... et me retrouver à la merci des événements!.. Un an!.. Il le faut, pourtant!.. J'ai promis par mon silence de patienter!.. Un an d'attente et de patience... oh!.. c'est l'éternité!..

SCÈNE IX.

CAZILDA, JUSTINE, puis Mme DUPAU.

JUSTINE, entrant en fredonnant.
« Oui, c'est demain, demain que je débute. » (Apercevant Cazilda.) Ciel!

CAZILDA.
Eh bien! Mademoiselle, que signifie une semblable gaîté?

JUSTINE, d'un ton ironique.
Pardon, Madame... ça signifie que je suis la plus fortunée des femmes... que je dis adieu à l'antichambre... et que je demande à Madame la permission de la quitter.

CAZILDA, impatientée.
Comment ! Vous expliquerez-vous enfin ?
JUSTINE.
C'est bien facile... A force de suivre Madame au théâtre... je me suis aperçu que c'était aussi ma vocation... Et je débute demain à Belleville.
CAZILDA, avec dédain.
Vous ?
JUSTINE.
C'est convenu... Je jouerai les coquettes, comme Madame !
CAZILDA, avec fierté.
Justine !..
JUSTINE, avec malice.
Oh ! rien qu'au théâtre !.. C'est drôle pourtant... nous allons être camarades !
CAZILDA.
Camarades ! Confondue avec...
Mme DUPAU, entrant.
C'est encore moi... Je ne vous dérange pas ?
CAZILDA.
Du tout, Mme Dupau.
Mme DUPAU.
J'ai rapporté votre fer à papillotes, Mamz'elle Justine.
JUSTINE.
Il ne fallait pas vous gêner pour ça !..
Mme DUPAU.
L'ordre et l'exactitude c'est mon fort... Dame ! quand on est en ménage et à l'Académie-Royale... (A Cazilda.) Je suis bien aise de vous trouver, ma petite... Je craignais que vous ne fussiez au théâtre.
CAZILDA.
Je me suis dispensée de la répétition aujourd'hui, une migraine affreuse...
Mme DUPAU.
Ah ! cette pauvre enfant !.. indisposition dramatique... c'est connu !.. Le mariage vous guérira, ma chère amie... car ça tient toujours, n'est-ce pas ?
CAZILDA.
Quoi donc ?
Mme DUPAU.
Votre mariage avec M. le comte !.. Hein ?.. à quand la noce ?
CAZILDA, embarrassée.
Mais... je ne sais pas trop...
Mme DUPAU.
Ah ! bon Dieu ! ah ! grands Dieux ! retardé... rompu peut-être ?
JUSTINE, à part.
Est-ce qu'il y aurait encore de la brouille?..
CAZILDA.
Quand cela serait ?
Mme DUPAU.
Soutenez-moi... mes jambes se dérobent!

JUSTINE, la soutenant.
Eh bien ! qu'avez-vous donc ?..
Mme DUPAU, se relevant furieuse.
Ce que j'ai !.. Quand vous m'avez abusée... ruinée !
JUSTINE, riant.
Moi ?
Mme DUPAU.
Oui, vous !.. en me donnant comme certain un mariage qui n'est qu'une chimère.
CAZILDA, choquée.
Une chimère !..
JUSTINE.
Mais, Mme Dupau, quel intérêt ?..
Mme DUPAU.
Quel intérêt !.. quand vous saurez que je sors de chez Clarisse...
CAZILDA.
Ma rivale au théâtre... (Avec ironie.) Et l'une de mes chères amies !..
Mme DUPAU.
Oui... joliment ! Elle a commencé par se moquer de mes confidences au sujet de votre hymen... J'ai insisté... Elle a ri plus fort... « Ca«zilda, comtesse, répétez-moi ça, ma petite, « c'est par trop bouffon ! » Pour la convaincre, je lui ai offert de parier...
CAZILDA, avec impatience.
Eh bien ?
Mme DUPAU.
Elle a accepté en soutenant que dans six mois ce mariage-là ne serait pas plus avancé qu'aujourd'hui.
CAZILDA, à part, avec dépit.
C'est ce que nous verrons !
Mme DUPAU.
Me voilà dans une belle passe, à présent !.. (A Cazilda, d'un ton suppliant.) Mais, vous ne voudrez pas me faire perdre, n'est-il pas vrai ?.. une gageure aussi dispendieuse...
CAZILDA, avec résolution.
Rassurez-vous, Madame... Je m'engage au contraire à vous la faire gagner.
Mme DUPAU, respirant.
Ah !.. ah !.. quel baume ! à la bonne heure ! Je peux dire que j'ai eu une fière peur ! Mais, allons, voilà mes jambes qui reviennent !.. oui... (Elle fait un plié et un rond de jambe.)
JUSTINE.
C'est une vraie résurrection !
Mme DUPAU.
Écoutez donc, mademoiselle Justine, vous n'avez à vous inquiéter de rien, vous... une femme de chambre !
JUSTINE, avec une dignité comique.
Je ne le suis plus, Madame... Demain, je serai comme vous... une artiste !
Mme DUPAN.
Ah !.. bah ! contez-moi donc ça ?

CAZILDA, avec anxiété,

Justine... Il me semble que quelqu'un monte... (Justine va voir au fond.)

Mme DUPAU.

Une heure moins le quart !.. Je vais me faire mettre à l'amende !

JUSTINE.

A l'amende !

Mme DUPAU.

Pardi ! les gros appointements ne les paient pas, les amendes... Mais nous !.. c'est si injuste, la justice d'un régisseur !

JUSTINE, au fond.

Madame... c'est M. de Carcenay.

Mme DUPAU, regardant.

Le prétendu !.. Bel homme !.. ma foi ! Pas si bien que Dupau, pourtant !.. Je me recommande à vous, ma bonne Cazilda... Pressez la cérémonie le plus que vous pourrez.

CAZILDA, avec fermeté.

Soyez tranquille !

Mme DUPAU, faisant une profonde révérence à Eugène qui entre.

Votre servante, monseign... M. le comte...

(Elle sort par le fond et Justine par une porte latérale.)

SCÈNE X.

CAZILDA, CARCENAY.

CARCENAY.

Enfin, me voici de retour près de vous, ma chère Cazilda ! et avec la joie la plus vive, le bonheur le plus pur... Si vous saviez quel accueil bienveillant je viens de recevoir... Pas un seul reproche !

CAZILDA, avec une ironie qu'elle cherche à adoucir.

Deviez-vous en attendre, quand vous accédez à tout ce qu'on désire ?..

CARCENAY.

Nous ne pouvions faire moins après la preuve de confiance...

CAZILDA.

Sans doute... Et Madame votre mère a eu raison d'exiger... de vous engager, veux-je dire... à différer notre union. J'ai fait quelques réflexions aussi, mon cher Eugène... et ses craintes, que je blâmais d'abord, je les partage à présent.

CARCENAY, étonné.

Vous !

CAZILDA.

Un an... C'est un siècle à notre âge ! N'est-il pas possible, qu'avant l'expiration de ce terme fatal, vous cessiez de m'aimer ?

CARCENAY, d'un ton de reproche.

Ah ! Cazilda ! qu'osez-vous dire ?..

CAZILDA, baissant les yeux avec une légère teinte d'hypocrisie.

Ne puis-je donc cesser de vous plaire ? L'amour n'est pas aveugle ! Il n'a qu'un bandeau sur les yeux, que la main du temps finit tôt ou tard par détacher... et il aperçoit alors des défauts, des imperfections mêmes...

CARCENAY.

Oh ! ne croyez pas que jamais !..

CAZILDA.

Tel fut, je n'en puis douter, le calcul... de votre mère !.. Elle vous connaît... et, avec la restriction qu'elle vous impose, elle est bien sûre que le consentement qu'elle vous donne ne sera jamais qu'un acte... inutile.

CARCENAY.

Cazilda !.. serait-ce là aussi votre pensée ?

CAZILDA.

Mon cœur !.. s'en inquiète vivement du moins. Si le vôtre changeait, il vous serait si facile d'anéantir...

CARCENAY.

Ce consentement ?.. (Il le tire de sa poche et le lui donne.) Tenez... le voici... restez-en dépositaire... et quand cette année de supplice sera écoulée, si je ne suis pas toujours le même, toujours plus tendre, toujours plus épris de vous, Cazilda...

CAZILDA, souriant avec amertume.

Je pourrai le détruire, n'est-il pas vrai ? Vous ou moi, n'est-ce pas la même chose ?

CARCENAY.

Vous doutez de ma constance ? A quelles protestations... à quels serments puis-je donc avoir recours en face des preuves de tendresse que je vous ai données, des sacrifices que j'ai faits, que je suis prêt à faire encore ?

CAZILDA.

Pensez-vous que moi aussi, je ne vous sacrifie rien ?.. Cette indépendance si chère à l'artiste, cette existence à part qui résume en elle, gloire, fortune, plaisirs !.. Et d'ailleurs, la main qu'il vous faut attendre si long-temps... savez-vous que d'autres la demandent, et seraient fiers de l'obtenir ?.. M. Laroche...

CARCENAY.

Laroche !

CAZILDA, prenant sur le guéridon la lettre de Laroche et la présentant ouverte.

Tenez, lisez... sa fortune et mieux encore !..

CARCENAY.

Grand Dieu ! (Hors de lui.) Cazilda ! lui laisseriez-vous concevoir l'espérance ?..

CAZILDA.

Mon cœur ne se donne pas deux fois... Mais qui peut répondre ?..

CARCENAY.

Ah! quel moyen pourrais-je trouver pour calmer vos craintes?..

CAZILDA, vivement.

Il en est un... un seul! (Hésitant.) Et si vous ne croyez pas qu'il vous soit permis... de partir avec moi pour Londres ce soir même..., et, dans huit jours de devenir mon époux...

CARCENAY, presque tremblant.

Londres! ce soir même!

CAZILDA, avec force.

Il faut nous séparer.

CARCENAY, stupéfait.

Nous séparer!

CAZILDA, souriant et plus tendrement.

Non pas pour toujours... du moins, je l'espère; mais pour cette année, si pénible pour tous deux Le Directeur du grand théâtre de Bordeaux m'offre un engagement avantageux... Je voulais refuser; mais j'accepte... Loin de vous, je souffrirai moins, si je dois voir, comme le désire votre mère, s'évanouir tous mes rêves de bonheur!..

CARCENAY.

Et moi, Cazilda!.. Si, loin de vous, j'apprenais qu'un autre plus heureux... Mais je ne puis vous croire... vous n'avez pas l'intention?..

CAZILDA, avec fermeté.

J'y suis décidée!.. A distance, du moins, les imperfections s'oublient!.. Et je vous le répète, c'est le seul moyen peut-être de sortir victorieux de l'épreuve que nous devons subir!.. Je vais écrire à l'instant.

CARCENAY.

Eh quoi! vous exiler ainsi!.. quitter vos habitudes, toutes vos connaissances?..

CAZILDA.

Rassurez-vous, je ne serai pas tout-à-fait sans amis. (Avec intention.) D'abord, c'est à Bordeaux qu'est la recette générale de M. Laroche...

CARCENAY.

Quoi?..

CAZILDA.

Et je suis bien sûre que, dès que j'y serai, il se fera un devoir de rester à son poste.

CARCENAY, vivement.

Non... c'est impossible... vous ne partirez pas.

CAZILDA, souriant, mais avec fermeté.

Si fait, Monsieur... ma détermination est bien prise... Bordeaux ou Londres!..

CARCENAY.

Londres! au mépris d'une promesse sacrée!..

CAZILDA.

Qu'en nous voyant heureux, on nous remercierait à coup sûr d'avoir violée... Réfléchissez... je vais écrire.

(Allant à la table.)

CARCENAY.

Réfléchissez aussi... Je reviendrai bientôt, et... j'espère vous retrouver dans des dispositions moins cruelles pour moi.

CAZILDA.

N'y comptez pas!.. Justement, voici M. Laroche, il se chargera de faire parvenir ma lettre à Bordeaux.

CARCENAY, l'arrêtant.

Toujours ce Laroche! Si je pouvais...

CAZILDA, à part, écrivant.

Il arrive à propos!..

SCÈNE XI.

LES MÊMES, LAROCHE, en grande toilette.

LAROCHE.

Me voici, ma toute belle. (A part, voyant Eugène.) Toujours ce Carcenay!

CAZILDA, écrivant.

Veuillez m'excuser un moment, cher M. Laroche, je suis à vous.

CARCENAY, à part, un peu dans le fond.

Oui... il le faut absolument!

LAROCHE, à Cazilda.

L'autorisation que j'ai reçue de vous ce matin, m'a donné le plus charmant espoir... et je venais...

CARCENAY, qui s'est approché doucement, et à mi-voix.

M. Laroche!

LAROCHE.

Ah! M. le Comte... J'ai bien l'honneur...

CARCENAY, de même.

Plus bas... ne troublons pas Madame.

CAZILDA, feignant d'écrire.

Que peut-il lui dire?.. Ecoutons,

(Elle écrit et regarde à la dérobée.)

CARCENAY, toujours à mi-voix.

Je sais dans quelles intentions vous venez ici.

LAROCHE.

Mais, M. le Comte, comme vous, je suppose?

CARCENAY.

Je n'ignore pas non plus que vous êtes bien accueilli!

LAROCHE, d'un ton fat.

Eh! eh! pas trop mal, en effet!..

CARCENAY.

Je ne veux pas gêner l'entretien que vous allez avoir sans doute avec Cazilda?..

LAROCHE, commençant à s'effrayer du ton d'Eugène.

Bien honnête... en vérité... (A part.) Il dit cela d'un ton!..

CARCENAY.

Mais, j'entendrai tout... là !.. (Il indique la droite.) où je vais me placer... et si vous lui faites des propositions qui ne me conviennent pas... si vous lui parlez de votre ridicule amour... si même vous ne la détournez pas des avances que par caprice ou autrement elle pourrait vous faire...

LAROCHE.

Monsieur !..

CARCENAY, lui secouant la main.

Vous aurez ma vie, ou j'aurai la vôtre !..

LAROCHE, tremblant.

Plaît-il ?..

CARCENAY.

Vous m'avez compris... Surtout... pas un mot à Cazilda... pour elle je ne suis plus ici !

CAZILDA, à part.

Fort bien !

LAROCHE, à part.

A-t-on jamais vu... Vous aurez ma vie, ou j'aurai la vôtre... Sa vie !... Qu'est-ce qu'il veut que j'en fasse ?.. Mais la mienne... j'y tiens !.. Pourquoi, diable, suis-je venu ?..

CAZILDA, à part, se levant.

Ce pauvre receveur !.. (Haut et gaîment.) Pardon, M. Laroche, de vous avoir fait attendre...

LAROCHE.

Il n'y a pas de quoi, certainement !..

CAZILDA.

Vous me disiez... car, j'étais toute à ce que j'écrivais...

LAROCHE.

Je vous disais ma ch... Mlle Cazilda... Je vous disais... Qu'est-ce que je vous disais donc, au fait ?..

CAZILDA.

Ah ! j'y suis... Que mon autorisation vous avais donné le doux espoir...

LAROCHE, regardant avec inquiétude la porte derrière laquelle est Eugène.

Vous croyez ?..

CAZILDA.

De m'accompagner ce soir aux Italiens.

LAROCHE, tremblant et à part.

Il ouvre la porte, je crois !.. (Haut.) Dutout... Dutout... je n'ai pas dit...

CAZILDA.

Quoi !.. ce doux espoir ?..

LAROCHE, dans le plus grand embarras.

C'est... c'était le doux espoir... que vous voudrez bien me pardonner... mais, il m'est impossible... de toute impossibilité...

CAZILDA, à part.

Son embarras me fait rire.

LAROCHE, à part.

Je suis dans une position atroce !..

CAZILDA.

Ne vous désolez pas, mon bon Laroche... Est-ce que je renonce facilement à un plaisir futile et auquel je n'attachais quelque prix que par le désir que j'ai de vous être agréable.

LAROCHE, à part.

Si elle savait à quels dangers elle m'expose !

CAZILDA.

Je veux pourtant que vous me deviez de la reconnaissance, quoi que vous m'ayez dit ce matin, que vos fonctions au syndicat vous retenaient à Paris, je sais que votre absence, loin de votre recette générale, vous fait du tort...

LAROCHE, vivement, comme soulagé.

J'en conviens, et je compte même y retourner au plus tôt... demain, peut-être !.. (A part.) Je suis sauvé ! cet amour extrême et subit que je lui ai inspiré sans le savoir me cause des frayeurs !..

CAZILDA.

Vous êtes trop aimable... et je n'attendais pas moins de votre galanterie !...

LAROCHE, stupéfait.

Comment ?

CAZILDA.

Mais oui... Ne vous ai-je pas parlé d'un engagement qu'on m'offre à Bordeaux ?

LAROCHE, vivement.

Et que vous refusez ?

CAZILDA.

Au contraire... J'ai réfléchi... je viens d'écrire que j'accepte... Et puisque vous devez aussi vous y rendre...

LAROCHE, à part.

Où me suis-je fourré ? bon Dieu !

CAZILDA.

Nous pourrons continuer des relations si douces pour tous deux...

LAROCHE, à part, regardant la porte.

Je suis un homme mort !

CAZILDA.

Ce projet ne vous charme-t-il pas ?..

LAROCHE.

Certainement... Non... je veux dire... je crains, parce que la province... Oh ! la province !...

CAZILDA.

N'est pas un théâtre digne de moi, sans doute... Et si je n'avais pas la perspective de vous retrouver...

LAROCHE.

Pardon... mes fonctions peuvent me retenir à Paris plus long-temps que je ne voudrais... Je crois même... oui... elle me retiendront. (A part.) Je m'embarrasse... je ne sais ce que je dis !

CAZILDA.

Ah ! je suis bien sûre que dès que je serai à Bordeaux, rien ne vous arrêtera pour venir me rejoindre ?

LAROCHE, à part.
Dieu! la porte s'ouvre!

CAZILDA.
Et, là, protégée par vous, si riche, si considéré...

LAROCHE, l'interrompant.
N'achevez pas! je vous en conjure... vous ne pouvez prévoir les suites funestes de ces paroles... ces paroles flatteuses... beaucoup trop flatteuses...

CAZILDA.
Que j'aime cette modestie!.. et qu'elle vous rend encore plus digne à mes yeux...

LAROCHE, à part, dans le dernier paroxisme de la peur.
Il va fondre sur moi... c'est sûr!

CAZILDA.
Mais croyez que je ne serai pas ingrate. (Plus haut et avec intention de se faire entendre d'Eugène.) Et, si, comme... je le crains... un jour... par des circonstances qui n'ont rien d'impossible... mon cœur devenait libre... alors...

LAROCHE, passant vivement et avec terreur de l'autre côté de Cazilda, en voyant Eugène paraître spontanément.
Oh!..

CAZILDA, légèrement à Eugène.
Quoi! vous étiez là, monsieur?

CARCENAY, dans le plus grand trouble.
Oui... oui, Cazilda... (A Laroche.) Rassurez-vous, M. Laroche, vous n'avez plus rien à redouter de moi.

CAZILDA, jouant la surprise.
Que signifie?..

LAROCHE, à part.
Je respire!

CARCENAY, bas, à Cazilda.
Vous le voulez?.. Dans une demi-heure, je serai sous vos fenêtres avec une chaise de poste... Nous partons pour Londres.

CAZILDA, à part, avec joie.
Enfin!

CARCENAY, de même.
Trois coups frappés fortement à la porte de la rue seront le signal... soyez prête!..

CAZILDA, de même, lui serrant tendrement la main.
Je le serai... merci, merci... mon Eugène!..

LAROCHE.
Eh mais, cette loge?

CAZILDA, (très-émue, répondant à Eugène, mais de manière à ce que Laroche puisse prendre ses paroles pour lui.)
Oui, oui, je vais tout disposer.

(Cazilda rentre dans sa chambre. Eugène sort par le fond.)

SCÈNE XII.

LAROCHE, puis, DUCHEMIN.

LAROCHE, ébahi.
Elle va tout disposer! (Souriant avec complaisance.) Ah ça, mais... je triomphe... Décidément, je triomphe!... c'est clair... Il s'en va!

DUCHEMIN, entrant en se frottant l'épaule.
Où court-il donc ainsi... qu'il ne m'a pas seulement reconnu?..

LAROCHE, sans le voir.
Au fait... vouloir jouter avec moi... En vérité, je le trouve plaisant!

DUCHEMIN.
Qui donc, cher receveur?..

LAROCHE.
Et parbleu! ce petit M. de Carcenay.

DUCHEMIN.
Lui, plaisant... ma foi non!.. je viens de le rencontrer sur l'escalier... où, par parenthèse, il a failli me renverser... il avait l'air d'un fou!

LAROCHE, avec suffisance.
Ce n'est pas étonnant... le dépit... On le supplante, mon cher!

DUCHEMIN, riant.
Vous? allons donc!

LAROCHE.
Parole d'honneur!

DUCHEMIN, sérieux comique.
Ah bah!..

LAROCHE, avec importance et appuyant sur les mots.
Il vient, devant moi, de recevoir son audience de congé.

DUCHEMIN, à part.
Est ce qu'ils se seraient déjà brouillés?

LAROCHE.
Que voulez-vous?... on a pour plaire des moyens...

DUCHEMIN.
Oh! pour ça, c'est connu, vous avez une recette... générale.

LAROCHE.
Farceur!.. vous croyez que je raille? Eh bien non... et la preuve, c'est que Cazilda s'apprête en ce moment pour venir avec moi, aux Italiens, dans une loge que j'ai louée à cet effet.

DUCHEMIN, étonné.
Avec vous?

LAROCHE.
A l'instant, vous allez la voir paraître.

DUCHEMIN, à part.
Il y a nécessairement là-dessous quelque chose que je ne puis comprendre!

SCÈNE XIII.

Les Mêmes, Mme Dupau.

Mme DUPAU, entrant vivement.

Où est-elle? où est-elle? Pardon à la compagnie... Ah! c'est vous, M. Duchemin!

DUCHEMIN.

Qu'y a-t-il donc, Mme Dupau? est-ce que vous montez en grade, est-ce que vous passez premier sujet en chef et sans partage, des Polkas et Mazourkas de l'Académie royale de Musique?

LAROCHE, la regardant d'un air étonné.

Madame danse?

Mme DUPAU.

Mieux que ça... j'ai enfin obtenu ma représentation à bénéfice... c'est convenu avec le directeur!

DUCHEMIN.

Bien mon compliment... Et, tenez, voilà M. Laroche, receveur-général, et... généreux... vous devriez lui offrir une loge... Il aime beaucoup à louer des loges!..

Mme DUPAU.

Si monsieur veut en prendre deux ou trois?

LAROCHE, avec hauteur.

Merci, ma bonne!

Mme DUPAU.

C'est qu'elle sera superbe, ma représentation!.. Oh! j'en sauterais de joie jusqu'au ciel du théâtre! Je pourrai donc marier ma Dorothée! Je pourrai me retirer à la campagne avec Dupau!.. (A Duchemin.) Vous m'annoncerez dans les journaux, n'est-ce pas?

DUCHEMIN.

Certainement... nous vous mettrons des réclames partout... même dans le journal des... ridicules!

Mme DUPAU.

Et Cazilda ne me refusera pas de jouer... Je viens déjà de commander les affiches... son nom sera en vedette... en lettres grosses comme ça... Justement la voici!

SCÈNE XIV.

Les Mêmes, Cazilda, puis, JUSTINE.

CAZILDA, en toilette de voyage, à part.

Duchemin!.. quel motif?..

DUCHEMIN, bas, à Laroche.

Que me disiez-vous donc?.. Cette toilette?..

LAROCHE, de même.

Chut!.. juste, celle qu'il faut pour une loge grillée!

Mme DUPAU.

Ah! ma chère Cazilda! je compte sur vous pour ma représentation... elle est fixée enfin, c'est dans huit jours!..

CAZILDA.

Dans huit jours! J'en suis désolée, ma bonne Mme Dupau... mais il me sera impossible...

Mme DUPAU.

Impossible!

JUSTINE, entrant, un carton de chaque main.

Toutes les malles de Madame sont faites...

DUCHEMIN, riant.

Des malles!... pour aller aux Italiens!..

LAROCHE, ébahi.

En effet...

Mme DUPAU.

Vous partez... Et mon bénéfice?..

DUCHEMIN, à part.

Le retard d'un an lui a fait peur... Je m'en doutais... Et tout est rompu.

CAZILDA, à Mme Dupau.

Tenez, chère Mme Dupau!.. adressez-vous Justine... Elle débute demain.

Mme DUPAN, avec dédain.

Justine!

DUCHEMIN.

Quoi! Justine...

LAROCHE.

Vraiment, cette petite quitte l'antichambre?

JUSTINE, avec une fierté comique.

Oui, M. Laroche... et je compte qu'avant peu on la fera chez moi!

LAROCHE, lui donnant une tape sur le bras.

Hé! hé!.. Elle est, ma foi, drôlette!

CAZILDA, avec dédain.

Que ne la menez-vous aux Italiens, à ma place? (A part, avec impatience.) Je n'entends pas le signal!..

LAROCHE.

Mais, Cazilda... vous ne vous embarquez pas dès ce soir pour Bordeaux? (On entend frapper trois coups très forts à la porte de la rue.)

CAZILDA, à part, avec joie.

Ah! (Haut.) Non, Monsieur, mais pour Londres.

TOUS.

Pour Londres!

CAZILDA.

D'où je ne reviendrai que comtesse de Carcenay!!

(Étonnement général.)

FIN DU PREMIER ACTE.

ACTE II.

Un salon modeste. Porte d'entrée au fond. Une porte à droite. Une fenêtre à gauche. Table, fauteuil, secrétaire.

SCÈNE I.

CAZILDA, seule, elle sort de la chambre à droite avec agitation.

Dix heures !.. et pas encore rentré ! Où peut-il avoir passé la nuit ? Au jeu, peut-être, encore ? (Elle court au secrétaire qu'elle ouvre, et cherche dans les tiroirs.) Oui… plus rien !.. Et si une chance heureuse ne l'a pas protégé, que devenir ! Ah ! Eugène ! Eugène !... après huit mois à peine d'un mariage que j'avais tant désiré, devais-je reconnaître sitôt mon imprudence, ma folle ambition !.. Et cependant il m'aime ! car son cœur est bon… Ah ! qu'importe ! moi aussi je lui suis dévouée… et pourtant je reconnais trop tard combien j'ai eu tort ! On vient !.. c'est lui... Non... M. Duchemin ! (Elle cherche à reprendre du calme.)

SCÈNE II.

CAZILDA, DUCHEMIN.

DUCHEMIN.

Lui-même, belle dame… qui vous demande pardon de se présenter de si bonne heure… J'ai deux mots à dire à votre mari, au cher Carcenay. Eh ! mais n'est-ce pas une erreur… quel sujet inconnu vous trouble et vous altère ?..

CAZILDA.

Moi ! vous vous trompez… je vous assure… aucun motif...

DUCHEMIN.

Je m'étonnais aussi… vous, dont la rentrée a été si brillante !... Savez-vous, qu'avec le peu de fortune de votre mari, vous auriez fait une sottise de suivre votre première idée, et de dire au théâtre un adieu définitif.

CAZILDA, soupirant involontairement et à part.

Hélas !

DUCHEMIN, sans y prendre garde.

C'est que vous êtes toujours l'idole du public… vous créez tous vos rôles d'une manière si ravissante !..

CAZILDA.

Monsieur en a sans doute un à m'offrir ?

DUCHEMIN.

C'est vrai ! Gardez-vous de croire cependant qu'il soit question d'une complaisance… non, il s'agit au contraire d'une création importante… du rôle le plus brillant…

CAZILDA.

Alors, c'est moi qui vous devrai de la reconnaissance.

DUCHEMIN.

Vous êtes adorable !.. Concevez-vous cette petite Justinetta ? En vérité, il me prend une envie de rire, toutes les fois que je pense à votre ancienne soubrette, italianisant son nom pour faire oublier son origine… Croiriez-vous qu'elle a fait des difficultés pour se charger d'un rôle excellent ?..

CAZILDA, avec dédain.

Ah ! Mlle Justine !.. cependant, elle se croit tant de mérite !..

DUCHEMIN.

Oui… depuis qu'elle est parvenue à se faire engager au même théâtre que vous…

CAZILDA.

Et surtout depuis qu'elle a attelé à son char… M. Laroche.

DUCHEMIN.

Votre ancien soupirant !.. C'est qui l'a mise à la mode… comme la dorure !

CAZILDA, avec ironie.

Mais alors, vous voyez, Duchemin, que puisqu'elle juge votre rôle au-dessus de ses forces, moi, qui ne suis pas à la mode comme elle… je serai trop téméraire…

DUCHEMIN.

Que dites-vous ?

CAZILDA.

Non… quand j'acceptais tout à l'heure, j'avais l'esprit préoccupé… je ne savais trop ce que je vous répondais… et décidément…

DUCHEMIN.

Décidément, vous avez quelque chose !

CAZILDA, s'essuyant les yeux.

Eh bien ! oui, mon bon Duchemin… En ce moment, je suis dans une inquiétude mortelle. Eugène… Eugène n'est pas rentré cette nuit.

DUCHEMIN.

Diable ! le cher époux se dérange !.. Ce n'est pas au point, cependant que vous puissiez le croire infidèle ?..

CAZILDA.

Oh non ! s'il a des torts, ce ne sont pas ceux-là!... Et pourquoi d'ailleurs lui ferais-je des reproches?... il n'est pas personnellement cause de mes chagrins... mais la différence des positions.

DUCHEMIN.

Comment?

CAZILDA.

En épousant M. de Carcenay... je n'ai pas assez réfléchi à ces distances que méconnaît l'amour et que me cachait l'orgueil, mais qui existent cependant aux yeux du monde... Et le monde me les a fait sentir bien cruellement!

DUCHEMIN.

C'est ce que prévoyait Mme de Carcenay... Mais puisque ni vous ni Eugène n'avez cru devoir tenir compte du délai qui vous était demandé, il me semble que votre mari ne devrait pas permettre...

CAZILDA.

Que pourrait-il faire? A notre retour d'Angleterre, où notre mariage eut lieu, comme vous le savez, Eugène, dans l'enivrement de sa passion pour moi, dissipa follement son trop modique patrimoine.. et alors, il me fallut bien opter entre les privations de toute nature et une carrière que j'avais dédaignée...

DUCHEMIN.

Et vous avez pris le bon parti!

CAZILDA.

D'ailleurs, le comte de Carcenay, époux d'une actrice, avait trop dérogé pour être encore vu d'un bon œil par ses anciennes connaissances... Eugène, accueilli froidement, quelquefois avec dérision par des amis de son rang, forma d'autres liaisons auxquelles son cœur n'a point de part, j'en suis sûre, mais qui n'en sont pas moins funestes pour lui... et pour moi surtout!..

DUCHEMIN.

Oui, je sais qu'il voit quelques jeunes gens fort aimables... de ceux qu'on appelle de bons enfants, mais qui ne sont pas toujours de bonnes connaissances.

CAZILDA.

Sans m'enlever son affection, ils l'éloignent de moi... Et pourquoi?.. Pour jouer... C'est au jeu que son temps, ses modestes revenus, mes appointements, tout va s'engloutir!..

DUCHEMIN.

Il serait possible?

CAZILDA.

Pourvu du moins que des dettes onéreuses et fatales... Pardon, mon bon Duchemin, de vous faire ces pénibles confidences... mais je connais toute l'amitié que vous nous portez, je sais que ce triste secret ne sortira pas de votre sein...

DUCHEMIN.

Pauvre Cazilda!... soyez sûre...

CAZILDA.

Vous le voyez, je suis... je suis bien malheureuse... Et cependant, jusqu'ici du moins, jamais un mot, un geste de sa part n'ont eu l'air de me reprocher les mécomptes que lui a attirés notre union... C'est, je n'en doute pas pour s'étourdir... qu'il emploie des moyens dont il oublie l'incertitude et le danger... et il ne voit pas qu'il me laisse le plus souvent sans ressources... et qu'aujourd'hui même... (On entend parler au dehors.)

DUCHEMIN, vivement.

Calmez-vous!... C'est la voix de Justine.

CAZILDA, s'essuyant les yeux.

Oh! pour rien au monde, je ne voudrais qu'elle s'aperçût de mes chagrins!

SCÈNE III.

LES MÊMES, JUSTINETTA. (En toilette très-élégante.) LAROCHE.

LAROCHE, entrant en se querellant avec Justine.

Mais encore une fois, Justinetta, soyez donc raisonnable... quand je vous répète que c'est impossible.

JUSTINETTA.

Impossible, Monsieur!.. Un militaire vous répondrait que ce mot-là n'est pas français... Mais vous parlez à une femme, et moi, je vous déclare qu'il est au moins fort peu galant.

DUCHEMIN.

Ah! M. Laroche, Justinetta a raison... Je ne connais pas le sujet de la discussion, mais est-il rien d'impossible à celui qui tient la clé de l'or!..

JUSTINETTA, à Laroche.

Vous voyez, Monsieur? (A Duchemin.) Il s'agit d'un engagement sacré... d'une voiture dont Monsieur m'a promis de me faire présent, et que je ne puis obtenir... Un financier surtout ne devrait-il pas être l'esclave de sa parole?

LAROCHE.

Je suis bien le vôtre, Justinetta... Mais puisque ma caisse est à sec... et que je venais justement... Je demande un milliard de pardons à la belle Cazilda de ne pas lui avoir présenté mes hommages en entrant... Je venais justement pour parler à ce cher Carcenay...

CAZILDA, troublée.

A mon mari?

LAROCHE.

Oui... d'une bagatelle que je voulais lui demander... une centaine de louis que je lui ai gagnés sur parole il y a quelques jours.

CAZILDA, à part.

Grands Dieux!

LAROCHE.

Où est-il donc?..

CAZILDA.
Je suis désolée, M. Laroche... Mais Eugène... Eugène est sorti...
JUSTINETTA, avec ironie.
Ah!.. oui... sorti... hier au soir sans doute !
CAZILDA, piquée.
Je ne sais pas ce qui peut faire penser à Mlle Justine...
JUSTINETTA, de même, vivement.
Madame!...
DUCHEMIN, à part.
Diable ! l'escarmouche va s'engager... si je n'y mets ordre... (Haut.) M. de Carcenay ne peut tarder à rentrer, car je l'ai rencontré comme il partait... et c'est lui-même qui m'a engagé à monter pour l'attendre...
LAROCHE.
C'est que je suis très-pressé.
DUCHEMIN.
Ah ! cher receveur !.. dans une aussi aimable compagnie!.. Tenez, moi, pour vous faire prendre patience, je vais persécuter un peu la piquante Justinetta.
JUSTINETTA.
A propos de votre rôle, n'est-ce pas ?
LAROCHE.
Un rôle !.. Est-il beau ?..
DUCHEMIN.
Superbe !
JUSTINETTA.
Mais il ne me convient pas... et ce serait bien plutôt le fait de Madame.
CAZILDA.
L'auteur sait mieux que personne quelle est l'actrice capable de bien rendre ses intentions... Et puisque c'est à vous qu'il le confie...
JUSTINETTA.
Mais non... il n'a pu penser à moi... Pas le moindre travestissement !.. pas le moindre pas à danser !.. Et, vous savez aussi, mieux que personne, M. Duchemin, que c'est par là surtout que je brille.
DUCHEMIN.
Que diable ! je ne peux pas faire danser une aveugle !.. ce serait ridicule !
LAROCHE.
Une aveugle ! c'est un rôle d'aveugle... Justinetta qui a de si beaux yeux !.. J'aimerais mieux qu'elle fût muette.
DUCHEMIN.
Je le conçois... elle ne demanderait pas de voiture !
JUSTINETTA.
D'ailleurs, le rôle fût-il complétement dans mes moyens, je ne le jouerai pas... J'ai les nerfs... oh ! dans un état horrible !..
DUCHEMIN.
Eh ! mon Dieu ! avec de la fleur d'orange et de l'éther, jusqu'à ce que la pièce passe, vous avez bien le temps de vous calmer.
JUSTINETTA.
Non... rien ne parviendra à me guérir que l'exécution de la promesse qu'on m'a faite.
DUCHEMIN, avec emphase.
Ah ! M. Laroche, vous si grand, si magnanime, vous qui briguez le renom de Mécène des gens de lettres, en ne vous rendant pas aux vœux de Justinetta... exposerez-vous le public à se voir privé d'un ouvrage dont elle sera le plus bel ornement ?.. Non... vous ne résisterez pas plus long-temps, car, sans cela, vous seriez un Vandale... vous seriez un Welche !
LAROCHE.
Eh bien ! eh bien ! elle aura ce qu'elle désire, là !
DUCHEMIN.
Bravo ! Et moi ?.. (A Justinetta.) Jouerez-vous mon rôle ?..
JUSTINETTA, souriant.
Je ne dis pas non.
DUCHEMIN.
Ce n'est pas tout-à-fait oui... Mais on sait qu'une jolie femme ne dit jamais tout de suite son dernier mot !
JUSTINETTA, à Laroche.
Quant à vous, Monsieur, pour vous prouver que je sais reconnaître les attentions qu'on a pour moi, je veux bien vous permettre de m'accompagner à la porte chinoise... Quelques achats de porcelaine du Japon que j'ai l'intention de faire...
DUCHEMIN, à part.
Il doit être bien flatté de la préférence !
LAROCHE.
Mais, Justinetta, vous savez bien que je n'ai pas d'argent sur moi... puisque nous étions montés pour prier Carcenay...
JUSTINETTA.
Eh! tenez..., justement, le voici !
CAZILDA, à part, voyant entrer Eugène.
Ciel !

SCÈNE III.

Les Mêmes, CARCENAY, un peu en désordre.

LAROCHE, à part.
Comme il est pâle !
CAZILDA.
Ah ! te voilà, mon ami... Tu as été bien longtemps... M. Duchemin, qui t'a rencontré comme tu sortais,.. nous avait dit que tu rentrerais aussitôt.
CARCENAY, étonné.
M. Duchemin !.. (A part, voyant Duchemin qui lui fait des signes.) Que signifie ?

LAROCHE.

Mon cher M. de Carcenay, je ne crois pas être indiscret, en venant vous réclamer d'amitié les cent louis que je vous ai gagnés l'autre jour.

CARCENAY, à part.

Il tombe bien !

LAROCHE.

Avais-je du bonheur ce jour-là !.. Vrai... je gagnais comme une bête.

DUCHEMIN, à part.

Il n'en fait jamais d'autres!

CARCENAY, embarrassé.

Mille pardons, M. Laroche... Je vous ferai remettre cela dans la journée... en ce moment vous me prenez au dépourvu... A moins que Cazilda...

CAZILDA, vivement et se maîtrisant à peine.

Quoi ! vous pouvez me demander ?

CARCENAY, de mauvaise humeur.

Non, non... je sais bien...

CAZILDA, cessant malgré elle de se contraindre.

C'est qu'en effet... vous devez bien savoir...

CARCENAY.

C'est bon... restons-en là, je vous prie !..

LAROCHE, à part.

Diable ! est-ce que mes cents louis seraient à passer par profits et pertes ?

CAZILDA, avec ironie.

Heureusement, pour l'emploi que M. Laroche veut faire de cet argent... il peut bien attendre... surtout quand il s'agit d'une dette de jeu...

CARCENAY, l'interrompant vivement et à Laroche.

C'est une dette d'honneur, Monsieur, et dans la journée, je vous le répète, vous serez satisfait! (Il regarde Cazilda avec colère.)

JUSTINETTA, bas à Laroche.

L'horizon se rembrunit... Allons-nous-en..!

LAROCHE.

Eh bien, je compte sur vous, Carcenay.

JUSTINETTA.

Au revoir, Cazilda.

CAZILDA, froidement.

Adieu, Mademoiselle.

JUSTINETTA, prenant le bras de Laroche.

Venez, Laroche... Et avant tout, n'oubliez pas ma voiture !

SCÈNE V.

CAZILDA, CARCENAY, DUCHEMIN.

CAZILDA, bas à Duchemin qui va sortir.

Restez... je vous en supplie.

CARCENAY, d'un ton piqué.

En vérité, Madame, je ne puis pas plus comprendre vos accès de mauvaise humeur que le signes que vous me faisiez ainsi que Duchemin...

CAZILDA, avec amertume.

Vous ne comprenez pas que c'est bien assez que je souffre si souvent de votre absence, sans que j'aie encore à rougir de l'insultante pitié de gens... Dieu merci, la présence d'esprit de Monsieur a du moins sauvé les apparences...

DUCHEMIN.

Dame ! j'ai cru bien faire, moi.

CARCENAY.

Sans doute... mais Madame devait présumer que, si je ne suis pas rentré, c'est que j'étais retenu... par des affaires...

CAZILDA, avec ironie.

Des affaires ! comme celles que vous avez avec M. Laroche ?..

CARCENAY.

Quelles qu'elles soient, il n'est pas convenable qu'une femme se mêle... et une autre fois... Cazilda, je vous prie, et, au besoin, je vous défends...

CAZILDA.

Vous me défendez !.. (A part et avec douleur.) Oh ! c'est la première fois !..

CARCENAY.

Oui, Madame !

CAZILDA, de même.

Ah ! Monsieur !..

DUCHEMIN, à mi-voix, cherchant à la calmer.

Cazilda !

CAZILDA, à Duchemin.

Vous avez raison... ce qui n'est pas convenable surtout, c'est une pareille scène devant un étranger... et pour n'aggraver ici ni ses torts ni les miens... je lui cède la place !

(Elle sort par la droite.)

SCÈNE VI.

CARCENAY, DUCHEMIN.

DUCHEMIN, à part, pendant que Carcenay regarde sa femme sortir.

Entre l'arbre et l'écorce il ne faut pas mettre le... Eclipsons-nous.

(Il va partir quand Carcenay se retourne et vient lui prendre amicalement la main.)

CARCENAY.

Pardon, mon cher Duchemin.

DUCHEMIN, à part.

Allons... me voilà cerné !

CARCENAY, avec expansion.

Vous voyez l'homme du monde le plus malheureux !..

DUCHEMIN.

Quoi ?

CARCENAY.

Sans doute, Cazilda vous aura parlé avec amertume de ma conduite ?..

DUCHEMIN.

Du tout... La pauvre petite femme ! Elle gémissait de votre absence... Elle craignait qu'il ne vous fût arrivé quelque malheur...

CARCENAY.

En effet.... j'ai joué..., mais par désœuvrement, par ennui, pour oublier enfin !.. ou plutôt dans l'espoir trompeur d'ajouter à la médiocrité de votre fortune; en un mot, dans l'intérêt seul de Cazilda! la chance m'a toujours été contraire... Et jugez de mon dépit, lorsqu'en rentrant, je trouve ici... ce Laroche ?..

DUCHEMIN.

Oui, le Crésus !..

CARCENAY.

Justement, je sortais de chez ma mère, qui m'avait fait prier de passer chez elle.

DUCHEMIN.

Mme de Carcenay ?

CARCENAY.

Vous vous rappelez qu'il avait existé des projets de mariage entre moi et une jeune parente fort riche qui habite Pondichéry...

DUCHEMIN.

En effet...

CARCENAY.

Lorsque je partis pour l'Angleterre avec Cazilda, j'écrivis au père de celle qui m'était destinée, que je le priais de m'excuser, que je ne pouvais plus réaliser les intentions de ma famille, et qu'enfin il était libre de disposer de la main de ma cousine.

DUCHEMIN.

Eh ! b'en ?..

CARCENAY.

Ma mère vient d'apprendre que le vaisseau qui portait ma lettre aux Indes, avait péri corps et biens.

DUCHEMIN.

De sorte que la jeune Indienne attend toujours son fiancé.

CARCENAY.

A cette nouvelle, je vous l'avouerai, un mouvement de joie involontaire, inexplicable, vint troubler mon cœur.... mais il était injuste..... inutile d'ailleurs... et je le réprimai bientôt !... Cependant, je ne pus m'empêcher de penser que, si des liens indissolubles ne m'unissaient point à Cazilda, elle serait plus heureuse.... et moi...

DUCHEMIN, à part.

Ce n'est que trop vrai !

CARCENAY.

Ma mère avait néanmoins remarqué mon émotion, et crut y voir un regret... qu'elle éprouvait elle-même... Vous comprenez, Duchemin, avec quelle force, avec quelle énergie je m'empressai de la dissuader...

DUCHEMIN.

C'est bien !

CARCENAY.

Si nous ne goûtons pas tout le bonheur que l'affection de Cazilda, que mon vif attachement pour elle, devaient nous procurer, on ne peut l'attribuer qu'aux circonstances. Après ce qui s'est passé, ma mère serait au désespoir, si elle connaissait ma véritable position avec la femme que j'ai tant aimée et que certainement j'aimerai toujours...

DUCHEMIN.

C'est votre devoir.

CARCENAY.

Non... pour l'une comme pour l'autre, ma mère ne doit jamais soupçonner tout ce que cet hymen nous a attiré de pénible... surtout la gêne extrême dans laquelle nous nous trouvons ! Il était donc nécessaire de lui faire croire que nous sommes parfaitement heureux... Aussi me suis-je empressé d'écrire de nouveau à Pondichéry que je renonçais à la main de ma cousine, et dès demain, ma lettre doit partir.

DUCHEMIN.

Très bien, mon cher Eugène, vous avez agi en galant homme.

CARCENAY.

Vous concevez maintenant l'embarras où je suis pour m'acquitter envers ce Laroche ?

DUCHEMIN.

Comment ?

CARCENAY.

Après l'entretien que je viens d'avoir avec ma mère, irai-je lui demander un service qu'elle ne me refuserait pas... mais qui lui prouverait que je l'ai trompée ?..

DUCHEMIN.

C'est logique !

CARCENAY.

Et cependant, faire attendre davantage un pareil homme, me pèse, m'humilie, et je ne sais ce que je ferais pour m'acquitter aujourd'hui même...

DUCHEMIN.

A votre place, je penserais comme vous... Diable ! c'est embarrassant..... vu les circonstances...

(Il tâte ses poches.)

CARCENAY.

Dans quelque temps, sous un prétexte quel

conque, je pourrais m'adresser à ma mère..... mais aujourd'hui... Duchemin !.. vous êtes mon ami... ne verriez vous pas un moyen ?..

DUCHEMIN.

J'y songeais !.. Oui... c'est cela... Cette pièce que j'ai en répétition... cette autre, qui est reçue... En lui faisant un pont d'or... M. Jacob, mon banquier, dans les cas désespérés, ne refusera peut-être pas...

CARCENAY, avec dignité.

Mais je refuse, moi... (Avec émotion.) Tout en reconnaissant ce qu'à de noble une pareille générosité, je.....

DUCHEMIN.

Aimez-vous mieux avoir recours à celle de M. Laroche...

CARCENAY.

Oh ! jamais !..

DUCHEMIN,

Vous voyez donc bien qu'il n'y a pas à hésiter...

CARCENAY.

Pourtant, Duchemin...

DUCHEMIN.

Pas un mot de plus... Suis-je votre ami, oui ou non ?..

CARCENAY, lui tendant la main.

Vous serez mon sauveur...

DUCHEMIN.

A la bonne heure !.. Pouvez-vous sortir avec moi ?

CARCENAY, prenant son chapeau.

Je suis à vos ordres.

DUCHEMIN.

Ce ne sera que l'affaire d'un instant, je l'espère.

CARCENAY, s'arrêtant.

Mais Cazilda ?..

DUCHEMIN.

Inutile de la prévenir... Il sera temps quand nous aurons réussi... Ne perdons pas une minute.

CARCENAY.

Je vous suis.

(Ils sortent par le fond. Au même instant, Cazilda ouvre la porte à droite, passe d'abord la tête pour les voir partir et descend ensuite vivement la scène.)

SCÈNE VII.

CAZILDA.

Cher Eugène !.. Oh oui !.. c'est bien ! c'est d'un galant homme !.... Duchemin a raison..... Combien je me sentais coupable à mesure que je l'entendais... là... Il a vanté notre bonheur à sa mère... et pourtant il est malheureux !.. Que ne puis-je, au prix du plus grand, du plus cruel sacrifice, réparer mon imprudence... lui rendre... Qu'ai-je dit ! briser nos chaînes !.. Ah !.. cette idée m'a glacée !.. Non... il n'y consentirait pas, lui !.. D'ailleurs, c'est fini... c'est pour la vie, et il ne m'est plus permis d'assurer son bonheur même aux dépens du mien !

SCÈNE VIII.

CAZILDA, Mme DUPAU.

Mme DUPAU, entrant par le fond.

Bonjour, madame la comtesse...

CAZILDA, à part.

Madame Dupau... quel ennui !..

Mme DUPAU.

Je viens de rencontrer M. le comte et M. Duchemin... et je me suis dit : elle est seule... pendant que je suis dans le quartier, si j'allais lui rendre une petite visite, à cette chère Cazilda, ça lui ferait plaisir...

CAZILDA.

Assurément, Madame...

Mme DUPAU.

Eh bien !.. toujours contente, toujours heureuse dans votre ménage ?.. Je vous le disais bien ! comme la vieille chanson : L'hymen est un lien charmant... surtout avec des maris comme les nôtres... car je ne doute pas que M. le comte ne soit à l'instar de Dupau... Je suis sûre qu'il a même plus d'aménité dans le caractère... On en fait ce qu'on veut de ces hommes... pourvu qu'on les dorlote... Oh ! mon Dieu !..

CAZILDA, distraite.

Oui... je sais... vous avez un mari excellent...

Mme DUPAU.

Je crois bien... Et vous aussi... sans ça il ne serait pas gracieux d'être attachée à un homme à perpétuité, et toutes les femmes envieraient le sort de Rosemonde...

CAZILDA.

De Rosemonde ?..

Mme DUPAU.

Oui, Rosemonde... Vous savez bien ?.. qui danse toujours la pointe du pied tournée vers les frises... Il y a aux environs d'un mois, un petit jeune homme, le fils d'un gros banquier, s'était épris d'elle, il l'a conduite à son château, où ils se sont mariés dans une chapelle... Elle est revenue pimpante et fière comme la reine de Chypre... Mais, voilà que samedi dernier, son époux l'a plantée là, en lui écrivant qu'elle n'était pas plus sa femme que celle du grand Mogol, et que le chapelain qui les avait mariés et les témoins, tout cela n'était qu'une farce de carnaval !..,

CAZILDA.
Quelle horreur!..

Mme DUPAU.
Oui, c'en est une!

CAZILDA, rêveuse.
Et pourtant il est des momens...

Mme DUPAU.
Et mais... Est-ce que vous êtes indisposée, ma petite? Vous avez l'air tout intrigué.

CAZILDA.
Que voulez-vous? quelquefois on ne peut pas s'empêcher de réfléchir...

Mme DUPAU.
Ah ma chère!.. c'est moi qui y ai matière à réflexion... Ma fille, ma pauvre Dorothée, qui doit se marier depuis si long-temps... Mais dame! c'est dur à arracher une dot! J'ai beau tricoter... des jambes... cette maudite représentation à bénéfice n'arrive pas! Quel dommage que votre départ l'ait fait manquer, il y a huit mois!

CAZILDA.
J'ai bien du regret que cet évènement vous ait porté préjudice...

Mme DUPAU.
Vous? Il n'y a pas de regret à avoir... votre bonheur avant tout... et du moment qu'il est complet...

CAZILDA, à part.
Il semble qu'elle se fasse un plaisir!..

Mme DUPAU.
Heureusement, mon gendre futur idolâtre sa Dorothée. Un excellent parti, ma chère... un bon emploi et de la patience; surnuméraire dans les tabacs, sergent dans la garde nationale. Il est, j'ose le dire, estimé de ses chefs, et adoré de ses inférieurs.

CAZILDA.
Je vous félicite...

Mme DUPAU.
Mais je ne renonce pas à mon bénéfice. Il m'est dû... Je le demande encore... Je le demanderai toujours... Et cette fois, je puis compter sur vous?

CAZILDA.
Certainement.

Mme DUPAU.
Grâce au ciel, vous êtes mariée à présent, et je me repose sur M. le comte... Les maris ça n'enlève pas!..

SCÈNE IX.

Les Mêmes, JUSTINETTA.

JUSTINETTA.
Ah ma chère Cazilda!.. Je suis au comble de la joie... M. Laroche me donne ma voiture!..

Mme DUPAU, à part.
Une voiture!..

JUSTINETTA.
Il est allé la choisir ainsi que les chevaux, et il viendra avec tout cela me chercher ici.

CAZILDA, avec un sourire légèrement ironique.
Vous voilà tout-à-fait heureuse!

Mme DUPAU, à part.
Je crois bien!.. (Haut.) Est-ce que vous ne me reconnaissez pas, mamzelle Justine?

JUSTINETTA.
Justinetta, s'il vous plaît, Madame!

Mme DUPAU.
Tiens!... pourquoi avez-vous donc pris un nom espagnol?

JUSTINETTA, haussant les épaules, à part.
Que ces petites gens sont communs! (A Cazilda.) J'espère bien, ma chère, que vous accepterez une place dans mon équipage?

CAZILDA, distraite.
Je vous remercie... je n'ai pas dessein de sortir aujourd'hui...

Mme DUPAU, à part.
Si elle m'en offrait une, j'accepterais bien, moi!

JUSTINETTA.
Nous ferons un tour au bois, seulement pour l'essayer...

Mme DUPAU.
Vous allez au bois de Boulogne?.. Et moi, qui demeure au coin du faubourg Saint-Honoré et de la Madeleine... Vous passez justement devant mon domicile...

JUSTINETTA.
Eh bien! Mme Dupau, vous aurez le plaisir de nous voir passer sous vos fenêtres.

Mme DUPAU.
Ah! c'est à moi que ça irait bien, un carrosse! On se fatigue tant les jambes dans le corps de ballet.

JUSTINETTA.
Pourquoi ne vous retirez-vous pas?.. Il me semble qu'une femme mariée qui danse, c'est singulier.

Mme DUPAU.
Est-ce que le mariage empêche de faire son état?.. Mariez-vous un peu, mamzelle Justina... et vous verrez que vous chanterez tout de même... (Plaisantant.) sur un autre ton, peut-être, je ne dis pas!

JUSTINETTA.
Me marier... moi! (avec dédain et à part.) Drôle de femme.

Mme DUPAU.
Vous avez pourtant de fameux exemples sous les yeux!

JUSTINETTA.
Des exemples !

Mᵐᵉ DUPAU.
Moi... et madame la comtesse, qui est si parfaitement heureuse !..

CAZILDA, avec dépit.
Certainement.

JUSTINETTA.
Je le crois, mais... (A part.) Ce n'est pas ce bonheur là qui me déciderait !

SCÈNE X.
LES MÊMES, DUCHEMIN.

DUCHEMIN, à part, en entrant et regardant Cazilda.
Malédiction !.. encore des visites !.. Elle seule peut s'adresser à la mère d'Eugène.

JUSTINETTA, se retournant.
Ah ! c'est mon auteur !

DUCHEMIN, reprenant le ton léger.
Moi-même, belle Justinetta.

CAZILDA, bas à Duchemin.
Merci, Duchemin... Je sais tout.

DUCHEMIN, à part.
Pas encore... par malheur !,, (bas à Cazilda.) Dans un instant... quand nous serons seuls...

CAZILDA, à part.
Que veut-il dire ?..

DUCHEMIN, à Justinetta.
C'est pour vous que je suis remonté... M. Laroche m'a dit que vous étiez ici... et je viens vous faire une proposition.

JUSTINETTA, souriant.
Encore pour votre rôle ?

DUCHEMIN.
Non... cette fois, ce n'est pas pour mon compte. (D'un ton plus important.) Je suis ambassadeur et chargé de vous offrir pour la Hollande un engagement superbe, vingt mille francs d'appointemens... et des feux... Je pense que vous n'hésiterez pas ?..

JUSTINETTA.
Moi.,, je pense... que vous pensez fort mal.,,

CAZILDA.
Vous êtes bien difficile !

Mᵐᵉ DUPAU.
Comme je ferais des pirouettes pour vingt mille francs... Et des feux !..

JUSTINETTA.
Laissez-moi donc ! Et où retrouverai-je mon Paris ? son Rocher de Cancale, ses bals de l'Opéra, tous ses plaisirs de l'hiver !.. Et l'été, le bois de Boulogne, le Ranelagh !.. A propos, Duchemin, je compte sur vous pour m'y accompagner ce soir, au Ranelagh, dans ma nouvelle voiture... Je me débarrasserai du Laroche... c'est convenu ?..

DUCHEMIN, souriant.
Mais... je ne dis pas non...

JUSTINETTA, avec ironie.
Ah ! je me souviens... Le mot est de moi... Ces auteurs prennent leur esprit partout.

DUCHEMIN.
On prend son bien où... Mais réfléchissez, Justinetta... cet engagement...

JUSTINETTA, riant,
Eh ! mon Dieu ! je vous dirai, comme pour votre rôle, qu'il conviendrait beaucoup mieux à Cazilda...

CAZILDA, sortant subitement d'une espèce de rêverie.
A moi !

JUSTINETTA.
Tenez, je confesse dans toute la sincérité de mon cœur, que Casilda a beaucoup plus de talent que moi... Mais à Paris, que voulez-vous, le public m'apprécie davantage... Peut-être, à cause de mon excentricité, de ma danse, de mes costumes surtout, auxquels je donne le plus grand soin.

DUCHEMIN.
Y pensez-vous ?.. Cazilda est mariée... et son mari, seule consolation d'une mère infirme et âgée, ne pourrait la suivre...

JUSTINETTA.
Eh bien ! est-il sans exemple ?..

DUCHEMIN.
Oui... de ces femmes pour lesquelles aucun lien n'est sacré... ou d'autres qui ont vu rompre leurs nœuds...

Mᵐᵉ DUPAU.
Comme Rosemonde.

DUCHEMIN, riant.
Oh ! celle-là !.. si l'hymen fut jamais une folie... de carnaval... Mais nous avons été témoins de mariages contractés à l'étranger, et qui, faute de ratifications... de publications en France... que sais-je, moi ? ont été déclarés nuls...

CAZILDA, troublée.
Nuls !

DUCHEMIN.
De toute nullité !.. l'article 170 du Code, je crois, est positif !.. Mais ici, c'est bien différent... les formalités ont été remplies... toutes les formalités...

Mᵐᵉ DUPAU.
Heureusement.

CAZILDA, à part.
Oh ! la tête me brûle !..

Mme DUPAU.

Un mariage si bien assorti... l'union la plus fortunée.

JUSTINETTA.

Alors, M. l'ambassadeur, gratifiez quelqu'autre de votre superbe engagement... quant à moi, je refuse, et pour cause!..

DUCHEMIN.

Il est vrai que votre excentricité fait principalement son effet sur les lions, et que la Hollande n'en produit pas.

JUSTINETTA.

Mauvais plaisant !

CAZILDA, à part, avec la plus vive impatience.

Elles ne partiront donc pas !

JUSTINETTA.

Ah ! je crois entendre une voiture... (Elle court à une fenêtre.) C'est M. Laroche, sans doute, car il m'a bien promis qu'il serait ici avant deux heures.

(Elle regarde.)

Mme DUPAU.

Deux heures !.. Ah ! bon Dieu ! et mon directeur, qui m'a accordé une audience pour cette heure là... si c'était pour mon bénéfice ! Courons vite!.. Adieu, m'ame la comtesse... Bonjour mamzelle Justine...

JUSTINETTA.

Adieu, ma bonne.

DUCHEMIN, à Cazilda vivement et à mi-voix.

J'ai à vous parler !..

CAZILDA.

Moi aussi... et sans retard !

DUCHEMIN.

Vous ?..

CAZILDA.

Oui... venez... venez vite !

(Elle l'entraîne par le fond.)

SCÈNE XI.

JUSTINETTA, puis, LAROCHE.

JUSTINETTA, regardant toujours à la fenêtre.

O ciel ! serait-ce là ?.. Mais oui... elle s'arrête... il en descend... Une voiture à un cheval, quelle horreur ! (Se retournant pour parler aux autres.) Concevez-vous une pareille inconvenance ?.. Eh bien! ils ne sont plus là... ils me laissent... c'est poli!.. A moi ! à moi ! une demi-fortune ! et à deux places seulement encore !..

Ah ! M. le receveur-général, vous vous jouez de moi!.. vous allez à l'économie, celle-là vous coûtera cher, je vous en réponds !..

LAROCHE, entrant par le fond.

Voilà, ma déesse !..

JUSTINETTA.

Laissez-moi, Monsieur, vous êtes un homme affreux !

LAROCHE, stupéfait.

Hein ?.. quel nouveau caprice!.. quand je me fais un devoir de céder à tous vos désirs... quand je vous amène l'équipage le plus galant...

JUSTINETTA, furieuse.

Une demi-fortune !.. un coupé à deux places!

LAROCHE.

Il me semble...

JUSTINETTA.

Vous me prenez donc pour une vieille rentière du Marais... que vous voulez promener en vinaigrette !

LAROCHE.

En vinaigrette !..

JUSTINETTA.

C'est un landau, ou une calèche à deux chevaux que j'exige... et ce qu'il y a de mieux... ce qu'il y a de plus élégant !.. si non, tout est rompu entre nous... et je me passerai de vos présents, tout aussi aisément que, sans doute, vous vous passerez de ma reconnaissance.

LAROCHE.

Mais, Justinetta, votre reconnaissance.... vous ne m'en avez pas encore donné la moindre preuve...

JUSTINETTA.

Et la méritez-vous, Monsieur ? Une occasion se présente, et il semble que vous preniez à tâche de ne pas la saisir !

LAROCHE.

Cependant je n'ai pas hésité...

JUSTINETTA.

Je me suis expliquée assez clairement... c'est à vous de comprendre.

LAROCHE.

Mon Dieu ! ce serait bien volontiers que je ferais ce que vous désirez... mais, je vous l'ai dit, le budget de mes dépenses secrètes est déjà dépassé. La caisse de mes plaisirs est vide.

JUSTINETTA.

Prenez sur un autre exercice pour la remplir.

LAROCHE.

Encore, si la petite somme qui m'est due dans cette maison, m'était payée !.. mais par malheur, je compte fort peu sur la parole de ce... Carcenay...

JUSTINETTA.
Des exemples !

Mme DUPAU.
Moi... et madame la comtesse, qui est si parfaitement heureuse !..

CAZILDA, avec dépit.
Certainement.

JUSTINETTA.
Je le crois, mais... (A part.) Ce n'est pas ce bonheur là qui me déciderait !

SCÈNE X.

Les Mêmes, DUCHEMIN.

DUCHEMIN, à part, en entrant et regardant Cazilda.
Malédiction !.. encore des visites !.. Elle seule peut s'adresser à la mère d'Eugène.

JUSTINETTA, se retournant.
Ah ! c'est mon auteur !

DUCHEMIN, reprenant le ton léger.
Moi-même, belle Justinetta.

CAZILDA, bas à Duchemin.
Merci, Duchemin... Je sais tout.

DUCHEMIN, à part.
Pas encore... par malheur !.. (bas à Cazilda.) Dans un instant... quand nous serons seuls...

CAZILDA, à part.
Que veut-il dire ?..

DUCHEMIN, à Justinetta.
C'est pour vous que je suis remonté... M. Laroche m'a dit que vous étiez ici... et je viens vous faire une proposition.

JUSTINETTA, souriant.
Encore pour votre rôle ?

DUCHEMIN.
Non... cette fois, ce n'est pas pour mon compte. (D'un ton plus important.) Je suis ambassadeur et chargé de vous offrir pour la Hollande un engagement superbe, vingt mille francs d'appointemens... et des feux... Je pense que vous n'hésiterez pas ?..

JUSTINETTA.
Moi... je pense... que vous pensez fort mal...

CAZILDA.
Vous êtes bien difficile !

Mme DUPAU.
Comme je ferais des pirouettes pour vingt mille francs... Et des feux !..

JUSTINETTA.
Laissez-moi donc ! Et où retrouverai-je mon Paris ? son Rocher de Cancale, ses bals de l'Opéra, tous ses plaisirs de l'hiver !.. Et l'été, le bois de Boulogne, le Ranelagh !.. A propos, Duchemin, je compte sur vous pour m'y accompagner ce soir, au Ranelagh, dans ma nouvelle voiture... Je me débarrasserai du Laroche... c'est convenu ?..

DUCHEMIN, souriant.
Mais... je ne dis pas non...

JUSTINETTA, avec ironie.
Ah ! je me souviens... Le mot est de moi... Ces auteurs prennent leur esprit partout.

DUCHEMIN.
On prend son bien où... Mais réfléchissez, Justinetta... cet engagement...

JUSTINETTA, riant.
Eh ! mon Dieu ! je vous dirai, comme pour votre rôle, qu'il conviendrait beaucoup mieux à Cazilda...

CAZILDA, sortant subitement d'une espèce de rêverie.
A moi !

JUSTINETTA.
Tenez, je confesse dans toute la sincérité de mon cœur, que Casilda a beaucoup plus de talent que moi... Mais à Paris, que voulez-vous, le public m'apprécie davantage... Peut-être, à cause de mon excentricité, de ma danse, de mes costumes surtout, auxquels je donne le plus grand soin.

DUCHEMIN.
Y pensez-vous ?.. Cazilda est mariée... et son mari, seule consolation d'une mère infirme et âgée, ne pourrait la suivre...

JUSTINETTA.
Eh bien ! est-il sans exemple ?..

DUCHEMIN.
Oui... de ces femmes pour lesquelles aucun lien n'est sacré... ou d'autres qui ont vu rompre leurs nœuds...

Mme DUPAU.
Comme Rosemonde.

DUCHEMIN, riant.
Oh ! celle là !.. si l'hymen fut jamais une folie... de carnaval... Mais nous avons été témoins de mariages contractés à l'étranger, et qui, faute de ratifications... de publications en France... que sais-je, moi ? ont été déclarés nuls...

CAZILDA, troublée.
Nuls !

DUCHEMIN.
De toute nullité !.. l'article 170 du Code, je crois, est positif !.. Mais ici, c'est bien différent... les formalités ont été remplies... toutes les formalités...

Mme DUPAU.
Heureusement.

CAZILDA, à part.
Oh ! la tête me brûle !..

Mᵐᵉ DUPAU.

Un mariage si bien assorti... l'union la plus fortunée.

JUSTINETTA.

Alors, M. l'ambassadeur, gratifiez quelqu'autre de votre superbe engagement..., quant à moi, je refuse, et pour cause!..

DUCHEMIN.

Il est vrai que votre excentricité fait principalement son effet sur les lions, et que la Hollande n'en produit pas.

JUSTINETTA.

Mauvais plaisant!

CAZILDA, à part, avec la plus vive impatience.

Elles ne partiront donc pas!

JUSTINETTA.

Ah! je crois entendre une voiture... (Elle court à une fenêtre.) C'est M. Laroche, sans doute, car il m'a bien promis qu'il serait ici avant deux heures.

(Elle regarde.)

Mᵐᵉ DUPAU.

Deux heures!.. Ah! bon Dieu! et mon directeur, qui m'a accordé une audience pour cette heure là... si c'était pour mon bénéfice! Courons vite!.. Adieu, m'ame la comtesse... Bonjour mamzelle Justine...

JUSTINETTA.

Adieu, ma bonne.

DUCHEMIN, à Cazilda vivement et à mi-voix.

J'ai à vous parler!..

CAZILDA.

Moi aussi... et sans retard!

DUCHEMIN.

Vous?..

CAZILDA.

Oui... venez... venez vite!

(Elle l'entraine par le fond.)

SCÈNE XI.

JUSTINETTA, puis, LAROCHE.

JUSTINETTA, regardant toujours à la fenêtre.

O ciel! serait-ce là?.. Mais oui... elle s'arrête... il en descend... Une voiture à un cheval, quelle horreur! (Se retournant pour parler aux autres.) Concevez-vous une pareille inconvenance?.. Eh bien! ils ne sont plus là,.. ils me laissent!.. c'est poli!.. A moi! à moi! une demi-fortune! et à deux places seulement encore!.. Ah! M. le receveur-général, vous vous jouez de moi!.. vous allez à l'économie, celle-là vous coûtera cher, je vous en réponds!..

LAROCHE, entrant par le fond.

Voilà, ma déesse!..

JUSTINETTA.

Laissez-moi, Monsieur, vous êtes un homme affreux!

LAROCHE, stupéfait.

Hein?.. quel nouveau caprice!.. quand je me fais un devoir de céder à tous vos désirs... quand je vous amène l'équipage le plus galant...

JUSTINETTA, furieuse.

Une demi-fortune!.. un coupé à deux places!

LAROCHE.

Il me semble...

JUSTINETTA.

Vous me prenez donc pour une vieille rentière du Marais... que vous voulez promener en vinaigrette!..

LAROCHE.

En vinaigrette!..

JUSTINETTA.

C'est un landau, ou une calèche à deux chevaux que j'exige... et ce qu'il y a de mieux... ce qu'il y a de plus élégant!.. si non, tout est rompu entre nous... et je me passerai de vos présents, tout aussi aisément que, sans doute, vous vous passerez de ma reconnaissance.

LAROCHE.

Mais, Justinetta, votre reconnaissance.... vous ne m'en avez pas encore donné la moindre preuve...

JUSTINETTA.

Et la méritez-vous, Monsieur? Une occasion se présente, et il semble que vous preniez à tâche de ne pas la saisir!

LAROCHE.

Cependant je n'ai pas hésité...

JUSTINETTA.

Je me suis expliquée assez clairement... c'est à vous de comprendre.

LAROCHE.

Mon Dieu! ce serait bien volontiers que je ferais ce que vous désirez... mais, je vous l'ai dit, le budget de mes dépenses secrètes est déjà dépassé. La caisse de mes plaisirs est vide.

JUSTINETTA.

Prenez sur un autre exercice pour la remplir.

LAROCHE.

Encore, si la petite somme qui m'est due dans cette maison, m'était payée!.. mais par malheur, je compte fort peu sur la parole de ce... Carcenay...

LAROCHE.

Ah! ça, Justinetta... il faudra donc que je me soumette toujours à vos volontés?.. Est-ce que je ne découvrirai pas un moyen de vous faire faire les miennes?..

Mme DUPAU.

Il y en a un tout simple... La femme doit obéissance à son mari... c'est M. le maire qui me l'a dit... Epousez-là!.

LAROCHE.

Au fait, c'est une idée !.. Justinetta, si je vous offrais ma main?..

JUSTINETTA, souriant.

J'accepterais... celle de Duchemin...

LAROCHE.

De Duchemin !

JUSTINETTA, souriant.

Pour m'accompagner ce soir au Ranelagh... ne confondons pas!

LAROCHE, impatient.

Duchemin !.. Duchemin ! (A Cazilda.) Si M. et Mme de Carcenay veulent bien nous accompagner, à la bonne heure ?

CAZILDA, souriant.

Merci M. Laroche... j'ai déjà refusé à Justine, (se reprenant) Justinetta ; (4 heures sonnent. Cazilda continue à part, très-émue.) Quatre heures !.. madame de Carcenay doit avoir reçu ma lettre !.

CARCENAY, à la Roche qui, pendant cet aparté, lui a parlé bas.

Veuillez m'excuser aussi... Cazilda paraît souffrante.

CAZILDA, dans le plus grand trouble.

En effet... je vous demande mille pardons... mais je sens qu'il faut que je me retire... Beaucoup de plaisir... (A Mme Dupau, en s'efforçant de sourire.) Je vous souhaite tout le bonheur que vous méritez, Madame.

CARCENAY, inquiet.

Cazilda !..

CAZILDA.

Rien, rien mon ami... Embrassez-moi... (Ils s'embrassent.) Et ne m'enveuillez pas... oh ! je vous en supplie, ne m'enveuillez pas si... (avec explosion) si je vous quitte !.. (A part vivement en sortant.) Un instant de plus, tout mon courage allait m'abandonner... (Elle rentre dans sa chambre.)

━━━━━━━━━━━━━━━

SCÈNE XV.

JUSTINETTA, CARCENAY, LAROCHE, Mme DUPAU puis UN DOMESTIQUE.

Mme DUPAU.

Ah ! mon Dieu ! Mais on dirait qu'elle a la fièvre, cette chère Cazilda.

JUSTINETTA.

Je ne sais vraiment aussi d'où venait son émotion...

LAROCHE.

Au fait j'ai cru m'apercevoir...

Mme DUPAU.

A votre place, M. le comte, je ne resterais pas là tranquille, à la troisième position !..

CARCENAY, qui est resté interdit en voyant sortir Cazilda.

Oui, oui, vous avez raison... je ne puis m'expliquer... (Il se dirige vers la porte à droite.)

LE DOMESTIQUE, entrant vivement par le fond.

M. le Comte... c'est de la part de Madame.

(Il présente une lettre à Carcenay et sort.)

CARCENAY, s'arrêtant.

De ma mère ! (après avoir décacheté, il lit :) « Je vous envoie, mon fils, une lettre que je » reçois à l'instant... Voyez, dans le cas où il en » serait temps encore, si vous devez en prévenir » l'effet... quant à moi, je ne puis qu'admirer... » Que signifie ? (Il déploie l'autre lettre avec agitation.)

LAROCHE, à Justinetta à demi-voix.

Économe...

(Ils s'approchent tous et prêtent l'oreille avec intérêt.)

CARCENAY, lisant avec une émotion toujours croissante.

« Madame, une infortunée bien coupable en- » vers vous, vient implorer son pardon. Le cœur » généreux de votre fils vous abuse... loin de » goûter avec moi le bonheur que nous espérions » tous deux, Eugène subit, sans se plaindre, les » conséquences douloureuses d'un mariage qu'il » n'aurait pas dû contracter.

Mme DUPAU, à mi-voix.

Qu'est-ce que j'entends ?

JUSTINETTA.

Chut !

CARCENAY, à part.

Duchemin m'aurait-il trahi ! (Haut et continuant à lire.) » Pour toutes les preuves d'abnégation et » d'amour qu'il m'a données, le ciel devait me » mettre à même de lui en offrir une au moins » à mon tour... Quand vous recevrez cette lettre, » Madame Eugène sera libre, et moi déjà loin » de lui.

TOUS.

O ciel !

CARCENAY, continuant.

» Une formalité importante, le défaut de pu- » blications en France, entraîne la nullité de no- » tre mariage... Je dégage donc votre fils de ses » serments. » Oh ! jamais ! « Si mon époux... » que ce nom me soit encore permis pour la » dernière fois... si mon époux avait fait pour » moi un grand sacrifice, celui auquel je me dé- » cide pour lui, en l'aimant toujours, le surpasse » encore, et j'en suis fière... C'est vous, Madame,

»que je supplie d'obtenir de lui, en me par-
»donnant vous-même, qu'il me pardonne le seul
»chagrin réel, que lui ait jamais causé la pau-
»vre Cazilda. » (S'écriant avec désespoir.) Elle
me quitte ! Elle m'abandonne ! Cazilda ! (Il se
précipite vers la droite.)

SCÈNE XV.

Les Mêmes, DUCHEMIN.

DUCHEMIN, paraissant à la porte.

Il est trop tard ! (On entend le bruit d'une voiture qui part.)

CARCENAY, jetant un cri.

Ah ! (Il reste interdit.)

DUCHEMIN.

Celle qui fut votre épouse a accepté un engagement à l'étranger... Elle quitte pour jamais la France... Carcenay, imitez son courage !

Mme DUPAU.

Elle est partie !.. Encore ma représentation boîteuse !..

DUCHEMIN.

Elle m'a laissé ses pouvoirs pour faire prononcer la rupture de votre mariage et tout rejeter sur son compte... La seule loi qu'elle vous impose... c'est de l'oublier pour toujours...

CARCENAY.

Moi l'oublier ! oublier celle qui après tant de preuves de l'amour le plus tendre veut consommer encore le plus généreux sacrifice, Oh ! non, non, jamais !

LAROCHE.

Eh ! bien et nous, Justinetta !

JUSTINETTA, à part.

Moi, me marier ! on aurait qu'à ne pas oublier de formalités !..

LAROCHE, à Duchemin.

Que dites-vous de cela, M. l'auteur ?

DUCHEMIN.

Chut !.. (Lui montrant Carcenay qui, à l'écart reste atterré.) C'est un excellent sujet de comédie !

FIN.

Impr. de Mme DE LACOMBE, r. d'Enghien, 12.

EN VENTE CHEZ LE MÊME ÉDITEUR :

Titre	Prix	Titre	Prix
Un Monstre de Femme, vaudeville.	40	Madame Roland.	60
Endymion, vaudeville.	40	Les Réparations.	»
La Jeunesse de Charles-Quint, opéra-com.	60	La Veille du Mariage.	40
Le vicomte de Létorières, comédie-vaud.	60	Paris bloqué.	60
Les Fées de Paris, comédie-vaudeville.	50	Francine la gantière.	50
Pour mon Fils, comédie-vaudeville.	50	Adrien.	50
Lucienne, comédie-vaudeville.	50	Deux Paires de Bretelles.	50
Les jolies Filles de Stilberg.	40	La Bonbonnière.	40
L'Enfant de chœur, vaudeville.	40	Le Major Cravachon.	50
Le Grand-Palatin, comédie-vaudeville.	60	Pierre le millionnaire.	60
La Tante mal gardée, vaudeville.	40	Carlo et Carlin.	60
Les Circonstances, comédie-vaudeville.	40	Le Moyen le plus sûr.	50
La Chasse aux vautours, comédie.	40	La Polka en Province.	40
Les Batignollaises, vaudeville grivois.	40	Une Séparation.	40
Une Femme sous les scellés.	30	La Peau du Lion.	60
Les Aides-de-camp, comédie-vaudeville.	50	La Marquise de Senneterre.	1 »
Carabins et Carabines, vaudeville	50	L'Aïeule.	60
Le Mari à l'essai, vaudeville.	40	Le Papillon jaune et bleu.	60
Chez un Garçon, vaudeville.	40	Dagobert à l'Exposition.	60
Jaket's-Club, vaudeville.	40	Frère Galfâtre.	60
Méroyée, vaudeville.	50	Nicaise à Paris.	40
Les deux Couronnes, comédie	60	Le Troubadour Omnibus.	50
Au Croissant d'argent, comédie-vaudeville.	50	Le Billet de faire part.	60
Le Château de la Roche-Noire, comédie.	40	Un Mystère.	60
Mon illustre Ami, comédie-vaudeville.	40	Pulcinelle.	60
Le premier Chapitre, comédie.	50	Le Client.	50
Talma en congé, vaudeville.	40	La Sainte-Cécile op. com. en 3 actes.	60
L'Omelette fantastique, vaudeville.	50	L'Esclave du Camoëns, opéra-comique.	50
La Dragonne, comédie.	50	Le Mariage du Gamin de Paris.	50
La Sœur de la Reine, drame.	60	Ménage Parisien.	1 00
Le Poète, comédie	50	Fiorina.	60
La Vendetta, vaudeville.	50	Les Marocaines.	50
Une Maîtresse anonyme, comédie.	50	Follette.	50
Le Loup dans la bergerie.	50	Deux Filles à marier.	50
Les Informations Conjugales, vaudeville.	50	Monseigneur.	50
L'Hôtel de Rambouillet.	60	A la Belle Etoile.	30
Les Deux Impératrices.	60	Deux Papas très bien.	50
La Caisse d'Epargne.	60	Un Ange tutélaire.	50
Thomas le Rageur.	50	Wallace.	60
Derrière l'Alcove.	30	Un Jour de liberté.	60
La Villa Duflot.	50	L'Ecolier d'Oxfort.	40
Péroline.	50	L'oiseau du Bocage.	40
Une Femme à la Mode.	40	Paris à tous les Diables.	60
Les Egaremens d'une Canne, etc., vaud.	40	Une Averse.	50
Les Deux Anes.	40	Madame de Cérigny.	60
Folliquet, coiffeur de dames, vaud.	50	Le Fiacre et le Parapluie.	40
L'Anneau d'Argent, comédie.	40	La Morale en action.	50
Recette contre l'Embonpoint, pièce.	50	L'Habeas Corpus.	50
Don Pasquale, opéra buffa.	40	Le Prince Toutou.	40
Mademoiselle Déjazet au sérail, vaud.	40	La Mère Michel.	50
Touboulic le Cruel, vaud.	40	L'article 170.	60
Hermance.	60	Un Tuteur de vingt ans.	60
Canuts.	50		
Entre Ciel et Terre.	40		
L'homme de paille.	40		
La Fille de Figaro.	60		
Métier et quenouille.	40		
Angélique et Médor.	40		
Loïsa.	60		
Jocrisse en famille.	40		
L'autre Part du diable.	40		
La Chasse aux belles-filles.	60		
La Salle d'armes.	40		
Une Femme compromise.	60		
Patineau.	40		

Imprimerie de Mme De Lacombe, rue d'Enghien, 12.

www.ingramcontent.com/pod-product-compliance
Lightning Source LLC
Chambersburg PA
CBHW060717050426
42451CB00010B/1487